自動運転・運転支援と交通事故賠償責任

著　友近　直寛（弁護士）

新日本法規

は　し　が　き

　現在、我が国において、年間の交通事故件数は約31万件（令和2年警察庁統計）で、いまだ自動車が人の身体や財産に大きな被害を与える危険な乗り物であるというのが社会通念です。しかし、この事故件数は15年前と比較すれば、約3分の1に減少しています。この件数減少は、自動車に自動運転・運転支援機能を備えたシステムが搭載されるようになったことが、大きな要因の一つと考えられています。これはまさに自動車製作における技術開発が功を奏している結果であって、今後も更なる研究・開発が進むことを願ってやみません。

　一方、自動車の走行に関して、システムがより多くの役割を担うようになったことで、人からは見えない部分が多くなりました。運転者でさえ自車がどのようにして走っているのか全てを把握していない（把握しなくてよい）というのが現状です。そのため、交通事故が起こると、従来のように当事者の供述のみでは事故の発生原因を説明することができず、事故の法的責任の追及には、システムの作動が自動車の走行にどのように影響したか把握し、システムが記録した様々なデータを証拠として活用する必要が出てきました。

　筆者は、損害保険会社の損害サービス担当者と共に、日々多くの交通事故民事賠償実務に携わっていますが、そこではまさに起こったばかりの交通事故について、当事者の被害回復を図りつつ、同時に事故発生原因究明のための証拠を収集しながら、解決に向けた交渉が行われています。その交渉の現場では、できる限り早期に正確な証拠を収集し、収集した証拠に基づいて、交渉相手方や事故当事者に対して説得的な主張説明を行うことが求められます。本書は、このような事案に携わっている実務担当者に向けて、事故発生原因の究明に不可欠な自動運転・運転支援システムの概要を紹介し、少しでも証拠収集や主張立論の助けとなるよう執筆したものです。

　今、自動車業界は、100年に1度の大変革を迎えているといわれ、「CASE」や「MaaS」という言葉に代表されるように、技術開発やマーケティング等様々な事業分野で、人と物の移動を取り巻く状況は加速度的に変化しています。これによって、交通事故に係る法律問題も変容していかざるを得ませんし、その解決の現場にも変化への対応が求められることとなるでしょう。筆者は、本書執筆を通して様々な最新の技術・知見に触れ、実務担当者の一人として自身の知識の乏しさを改めて自覚しました。目まぐるしい時代の変化に法律実務が取り残されることがないよう、研鑽を積んでいかなければならないと自戒しながら、執筆に励んだ次第です。本書には一部私見を述べた箇

所もありますが、一個人の見解として留めておいていただけると幸甚です。

　最後に、本書はあくまで、法論理が技術革新に追いつくためにと執筆したもので、決して自動車製作における技術開発に待ったをかけるものではありません。自動車が市井を走行する以上、事故発生のリスクは避けられないものですので、適切にリスクマネジメントをしながら、新技術を社会に受容させていくことが大切であると筆者は考えています。そのために、実務担当者として、現状交通事故紛争処理が抱えている様々な問題点を改善しながら、現行手続上に自動運転というものが入り込んでも適切に処理できるシステム構築を志向していく必要があると考えています。

　令和3年12月

弁護士　友近　直寛

略　語　表

<法令の表記>

　根拠となる法令の略記例及び略語は次のとおりです（〔　〕は本文中の略語を示します。）。

　　　道路交通法第2条第1項第3号＝道交2①三

道交〔道交法〕	道路交通法	道路	道路法
国賠	国家賠償法	PL〔PL法〕	製造物責任法
自賠〔自賠法〕	自動車損害賠償保障法	保安基準省令	道路運送車両の保安基準
車両	道路運送車両法	保安基準細目告示	道路運送車両の保安基準の細目を定める告示
車両規	道路運送車両法施行規則		
戦略特区	国家戦略特別区域法	保険	保険法
道整特措	道路整備事業に係る国の財政上の特別措置に関する法律	民	民法
		民訴	民事訴訟法

<判例の表記>

　根拠となる判例の略記例及び出典の略称は次のとおりです。

　　　最高裁判所平成24年2月8日決定、最高裁判所刑事判例集66巻4号200頁

　　　＝最決平24・2・8刑集66・4・200

判時	判例時報	民集	最高裁判所民事判例集
判タ	判例タイムズ	刑集	最高裁判所刑事判例集
交民	交通事故民事裁判例集		

<用語の意味>

　本書における用語の意味は次のとおりです。

DDT	動的運転タスク：自動車の運行に必要となるサブタスクの総称
ODD	限定領域：運転自動化システムが作動するように設計されている特定の条件
SIP	戦略的イノベーション創造プログラム
自動運行装置	日本法における運転自動化レベル3に該当するシステムの名称
DSSAD	作動状態記録装置：自動運行装置の作動状態を記録する装置
走行環境条件	日本法におけるODDの名称

OBD	車載式故障診断装置：常時、自動運行装置の故障を診断し、運転者に表示する車載装置
GNSS	衛星測位システム
HDマップ	高精度三次元地図データ
MMS	高度計測用機器
EDR	イベントデータレコーダー：エアバッグ展開を司るECUに内蔵されている、衝突イベント前後の車両状態を記録・保存する装置
ECU	電子制御ユニット：運行に係る認知・予測・判断を司るコンピューター
SLAM	地図更新と自車位置推定を走行しながら同時に行う認知技術
アクチュエーター	運行に係る操作を司る装置
HMI	システムと運転者が相互に情報伝達を行うための技術
オーバーライド	システムによる運転操作に対して、運転者が介入し、運転操作に復帰する行動
ディスカバリ制度	アメリカの裁判手続における事実審理の前段階に行われる証拠開示手続
被害者救済費用等補償特約	自動車の欠陥やハッキング等被保険者に直接法律上の賠償責任がない場合にも保険金を支払う旨の特約

参考文献一覧

潮見佳男『法律学の森　不法行為法Ⅱ（第2版）』（信山社出版、2011）

潮見佳男『法律学の森　不法行為法Ⅰ（第2版）』（信山社出版、2011）

伊藤崇『製造物責任における欠陥の主張立証の実務』（民事法研究会、2015）

北河隆之ほか『逐条解説自動車損害賠償保障法（第2版）』（弘文堂、2017）

藤田友敬編『自動運転と法』（有斐閣、2018）

クライソン・トロンナムチャイ『今日からモノ知りシリーズ　トコトンやさしい自動運転の本』（日刊工業新聞社、2018）

消費者庁消費者安全課『逐条解説製造物責任法（第2版）』（商事法務、2018）

青山元男『カラー徹底図解クルマのメカニズム大全』（ナツメ社、2019）

保坂明夫ほか『自動運転第2版　システム構成と要素技術』（森北出版、2019）

中山幸二ほか編『自動運転と社会変革　法と保険』（商事法務、2019）

戸嶋浩二＝佐藤典仁編著『自動運転・MaaSビジネスの法務』（中央経済社、2020）

二宮芳樹編著『モビリティイノベーションシリーズ⑤自動運転』（コロナ社、2021）

目　　次

第2章　自動運転・運転支援システムを構成する技術

第3章　交通事故民事賠償請求の実務的考察

資　料

索　引

序　章

自動運転推進の背景

2

第1　なぜ自動運転なのか

1　道路交通をめぐる課題

　我が国では、少子高齢化や都市部への人口集中等によって移動に対する需要が変化し、SDGs（Sustainable Development Goals）に代表される国際社会共通の目標に向けた取組も求められる中で、道路交通には次のような課題があるといわれています（政府CIOポータルホームページ「官民ITS構想・ロードマップ2020」）。

① 移動の自由の確保

　自家用車の運転が困難な高齢者のための移動手段として、鉄道・バス等の公共交通サービスの役割が重要であるにもかかわらず、収益低下等によって当該サービスの減少・廃止が相次いでいます。このような状況下で限定されてしまう高齢者の移動の自由を確保することが道路交通の課題の一つです。

② 地域の活性化

　人口減少により過疎化が進む地方部においては、生活インフラが縮小し、自立した地域社会を維持することが難しくなっている集落や地域が出てきています。このような集落や地域において、内部の移動活性化を図り、外部とのアクセスを確保することも道路交通の課題の一つです。また、地方への移住等ポストコロナ時代のライフスタイルに合わせた多様な働き方が広がり始め、道路交通に求められる役割も変化する可能性もあります。

③ 交通事故の削減

　交通事故は、当事車両の損傷だけではなく、運転者、同乗者や周囲の歩行者の身体に重篤な被害を生じさせるものが少なくありません。運転支援技術の進歩や道路環境の整備によって、年々減少傾向にあるものの、近年、高齢運転者の操作ミスによる事故が社会問題となっています。交通事故の減少やこれによる被害の縮小を追求することは道路交通の普遍の課題です。

④ 移動の効率化

　都市部への人口流入やネット通販等のeコマース市場の拡大による物流需要の増加等に伴い、渋滞や混雑が生じています。これにより経済非効率が生まれ、社会的な損失となっています。我が国の持続的発展と生活利便性の向上のためには、多様

なニーズに応じてヒトとモノの移動の効率化を図ることが道路交通の課題といえます。

⑤　環境負荷の低減

　2015年に採択されたパリ協定や、2019年に開催された国連気候変動サミットとこれに先駆けて採択された10カ年気候行動計画を受けて、我が国においても2030年の温室効果ガス削減目標達成に向けた積極的な政策選択が求められています。技術革新により道路交通分野の排出量は低減されている現状ではありますが、2020年10月の「2050年カーボンニュートラル宣言」を受けて、さらなる改善の努力が必要です。

⑥　人材不足の解消

　ヒトやモノの移動需要の高まりから、人流・物流事業者にはバス・タクシー・トラック等ドライバーの人材確保が求められています。しかし、一方で各事業者の収益性が低下する中、安全運行の重い責任と厳しい労働条件が課されることとなり、少子高齢化もあいまって、一層人材が集まらない現状にあります。これらの事業の継続を支え、需要に見合った移動サービスの供給を確保することも道路交通の大きな課題となっています。

⑦　MaaSの登場と産業競争力の強化

　MaaS（Mobility as a Service）は、先進自動車技術やAI、オープンデータ等を掛け合わせ、従来型の交通・移動手段にシェアリングサービスも統合して次世代の交通を生み出す動きをいい、フィンランドで始まり国際的な広がりをみせています（総務省メールマガジン　M-ICTナウvol.23　2018年6月第2号「次世代の交通　MaaS」）。この傾向により自動車産業における従来の付加価値構造が変化しつつあり、国際的な産業競争力の維持・向上の観点からも、この動きに合わせた新たな対応・取組みが求められています。

2　課題解決としての「CASE」

　上記のような道路交通の課題は、程度の差こそあれ、国際的に共通のもので、これらの課題解決のために、自動車産業全体に大きな技術革新が起きています。この技術革新は、大きく四つの方向性に分けられ、それぞれの頭文字をとって「CASE」（①Connectivity、②Autonomous、③Shared＆Service、④Electric）と呼ばれています。

①　Connectivity（通信によりつながるクルマ）

　自動車がICT（情報通信技術）端末としての機能を備えることをいいます。個々

の自動車が収集した車両の状態や周囲の道路状況等様々なデータを、ネットワーク
を介して集積・分析し、共有することで様々なサービスの源となる価値を生み出す
ものと期待されています。

② Autonomous（自動運転）

　自動車の運転を人ではなくシステムが行うことをいいます。後述するように、自
動化の過程にはいくつかの段階があり、技術革新の段階が上がっていくごとに法や
インフラの整備を行い、社会的受容性を醸成していく必要があります。安全な自動
運転の実現は上記各課題の解決に大きく貢献するものとなると考えられています。

③ Shared＆Service（ライドシェアの普及とサービスとしてのクルマ）

　自動車を単なる移動手段とみるのではなく、ライドシェアを含む様々なサービス
の媒体として、ユーザーに付加価値を与えるような新たな事業モデルが考案されて
います。MaaSの一端を担うものとしてモビリティサービスに組み込まれ、隣接分
野のサービスとも関連し合うことで、人々の生活の利便性を大きく向上させるよう
な、産業の化学反応が起きることが期待されています。

④ Electric（動力源の電動化）

　従来の自動車は、ガソリン車等のように化石燃料を燃やすことで動力を作出して
いましたが、近年、欧州を中心にEV（電動自動車）の開発が進んでおり、各国で目
標期限を決めて電動化に移行する政策選択が発表されています。現在開発されてい
る電動自動車は、リチウムイオン電池を動力源とするもので、その普及には充電ス
タンドの整備が必須です。

　なお、動力源を電気と化石燃料との併用で得る自動車としてHV（ハイブリッド
車）、PHV（プラグイン・ハイブリッド車）も開発されており、電動化とは異なり水
素を動力源としているFCV（燃料電池車）も併せて、今後の自動車の動力源につい
ては熾烈な開発競争が繰り広げられています。

第2　運転自動化レベル

　自動車に自動運転の技術を搭載するといっても、すぐに全地域について何の条件付
けもなくシステムが運転するようになるわけではありません。科学技術が進歩するに
つれて、段階（レベル0〜5）を踏んでいくことになります。

　このレベル分けには、「動的運転タスクのシステム分担度合」と「限定領域の制限度合」という二つの指標を考える必要があります。

① 動的運転タスク（DDT・Dynamic Driving Task）

　運転という言葉は、文脈に応じて多義的に用いられます。この言葉の曖昧さを排するために、国際的基準においては、自動車の運行に必要となるサブタスクの総称を「道路交通において、行程計画並びに経由地の選択などの戦略上の機能は除いた、車両を操作する際に、リアルタイムで行う必要がある全ての操作上及び戦術上の機能」と説明し、動的運転タスクと定義されています（JASOテクニカルペーパ「自動車用運転自動化システムのレベル分類及び定義」5頁（JASO TP 18004：2018））。科学技術の進歩につれ、動的運転タスクのうちシステムが分担するサブタスクの割合が大きくなっていくことになります。

【動的運転タスク部分を示す運転タスクの概略図】

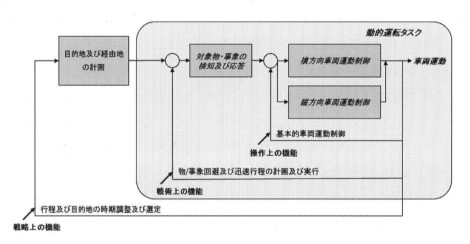

（出典：JASOテクニカルペーパ「自動車用運転自動化システムのレベル分類及び定義」6頁（JASO TP 18004：2018））

② 限定領域（ODD・Operational Design Domain）

　過渡的な技術水準の下では、一定の条件を充たす場合に絞って、システムに動的運転タスクを分担させざるをえません。そして、システムによる分担度合を大きくしていくと同時に、その条件制限を弱めていくように、技術開発を進めることになります。ですから、運転の自動化を考える上では、この条件設定が不可欠な要素といえます。国際的には、この条件設定、つまり「ある運転自動化システム又はその機能が作動するように設計されている特定の条件」を限定領域と定義しています。

　この二つの指標を用いて、自動運転のレベル分けをすると以下の表のようになります。現在、我が国の公道上を走行することを許されているのは、レベル3までのシステムを搭載した自動車です。

【運転自動化レベルの概要】

| レベル | 名称 | 定義（口語表現） | 動的運転タスク | | 動的運転タスクの作動継続が困難な場合への応答 | 限定領域 |
			持続的な横・縦の車両運動制御	対象物・事象の検知及び応答		
運転者が一部又は全ての動的運転タスクを実行						
0	運転自動化なし	運転者が全ての動的運転タスクを実行。（予防安全システムによって支援されている場合も含む）。	運転者	運転者	運転者	適用外
1	運転支援	運転自動化システムが動的運転タスクの縦方向又は横方向のいずれか（両方同時ではない）の車両運動制御のサブタスクを特定の限定領域において持続的に実行。この際，運転者は残りの動的運転タスクを実行する事が期待される。	運転者とシステム	運転者	運転者	限定的
2	部分運転自動化	運転自動化システムが動的運転タスクの縦方向及び横方向両方の車両運動制御のサブタスクを特定の限定領域において持続的に実行。この際，運転者は動的運転タスクのサブタスクである対象物・事象の検知及び応答を完了し、システムを監督する事が期待される。	システム	運転者	運転者	限定的
自動運転システムが（作動時は）全ての動的運転タスクを実行						
3	条件付運転自動化	運転自動化システムが全ての動的運転タスクを限定領域において持続的に実行。この際，作動継続が困難な場合への応答準備ができている利用者は、他の車両のシステムにおける動的運転タスク実行システムに関連するシステム故障だけでなく、自動運転システムが出した介入の要求を受け容れ，適切に応答することが期待される。	システム	システム	作動継続が困難な場合への応答準備ができている利用者（代替中ドライバになる）	限定的
4	高度運転自動化	運転自動化システムが全ての動的運転タスク及び作動継続が困難な場合への応答を限定領域において持続的に実行。作動継続が困難な場合，利用者が介入の要求に応答することは期待されない。	システム	システム	システム	限定的
5	完全運転自動化	運転自動化システムが全ての動的運転タスク及び作動継続が困難な場合への応答を持続的かつ無制限に（すなわち、限定領域内ではない）実行。作動継続が困難な場合，利用者が介入の要求に応答することは期待されない。	システム	システム	システム	限定なし

　　注記　このテクニカルペーパの運転自動化システムレベルは，規定というよりはむしろ説明的かつ参考であり，また法律的というよりむしろ技術的なものである。複数の要素は，各レベルの最大というよりも最小の能力を示す。この表で，"システム"は，適宜，運転自動化システム又は自動運転システムを意味する。

（出典：JASOテクニカルペーパ「自動車用運転自動化システムのレベル分類及び定義」19頁（JASO TP 18004：2018））

　動的運転タスクのシステム分担度合を横軸、限定領域の制限度合を縦軸にとり、各レベルの分布をグラフ化すると、およそ以下のとおりになります。

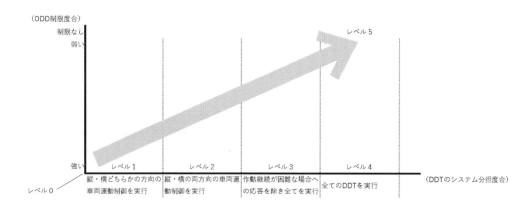

　基本的には、技術の進歩はグラフの矢印のように左下から右上へ向かって進んでいきますが、自動車の用途や走行が想定されている条件によって、少しずつ違った曲線を描くことになります。例えば、自家用車については、広い走行条件下で利用されることが想定されているため、比較的上に凸な曲線で技術が進歩していくとみられていますし、他方で商用車については、比較的用途が限定され、制限された条件下で使用されることが多いので、下に凸な曲線で技術が進歩していくと考えられています。

第3　政府の取組み・構想

1　戦略的イノベーション創造プログラム（SIP）

　自動車産業は裾野が広く、自動車のサプライチェーンには多くの企業や団体が含まれています。そのそれぞれが完全に独立して技術開発を行っていては、各技術の間に効率的な連関が生まれず、高度な運転の自動化は実現しません。自動運転に関する技術開発には、全ての開発者に共通の土台となるような一定の協調領域を策定し、これを前提とした競争領域の開発に対して予算を配分することが不可欠です。

　そこで政府は、内閣府内に、全体の科学技術を俯瞰し、各省より一段高い立場から、総合的・基本的な科学技術政策の企画立案及び総合調整を行う会議（総合科学技術・イノベーション会議）を置き、2014年、自動運転と同様に我が国全体で開発に取り組むべき11の科学技術について、府省・分野の枠を超えて自ら予算配分して、基礎研究から出口（実用化・事業化）までを見据えた取組みを推進するプログラム（戦略的イノベーション創造プログラム　略称「SIP」）を創設しました。

　SIPは第1期（2014年～2018年）と第2期（2018年～2022年）に分かれており、第1期

には主に協調領域の策定を、第2期には競争領域の実証実験と実験データの共有・解析を目標に取組みが進んでいます。

【自動運転分野におけるSIP第1期の活動概要】

■ 自動走行システム

目　　的	高度な自動走行システムの実現に向け、産学官共同で取り組むべき技術課題（協調領域）につき、研究開発を推進。
対象機関	企業、大学、公的研究機関等
管理法人	国立研究開発法人新エネルギー・産業技術総合開発機構（2017年度から設置）
実施期間	2014年度から2018年度　　5年間（予定）
予算規模	2014年度：25.35億円、2015年度：23.58億円、2016年度：27.13億円、2017年度：33.7億円、2018年度：28億円

1．目標
①技術的目標
　2020年までにSAEレベル3（条件付運転自動化）に向けたステップとなるハイエンドなシステム（SAEレベル2）を実現する※。
　さらに2020年を目途にSAEレベル3、2025年を目途にSAEレベル4の市場化がそれぞれ可能※となるよう、協調領域に係る研究開発を進める。
※民間企業による市場化が可能となるよう、政府が目指すべき努力目標の時期として設定
　SAEレベル2：システムが前後・左右の両方の車両制御に係る運転サブタスクを実施
　SAEレベル3、4：システムが全ての運転タスクを実施（限定領域内）
　　レベル3の場合、システムの作動継続が困難な状況では、運転者はシステムからの介入要求等
　　に対して、適切に応答することが期待される。
②社会的目標
　交通事故低減、交通渋滞の緩和等
2．主な研究内容
［Ⅰ］自動走行システムの開発・実証
［Ⅱ］交通事故死者低減・渋滞低減のための基盤技術の整備
［Ⅲ］国際連携の構築
［Ⅳ］次世代都市交通への展開
［Ⅴ］大規模実証実験
3．出口戦略
　高度な自動走行システムの実現に向けた取組を通じ、事故・渋滞の低減、利便性の向上を目指す。また、東京オリンピック・パラリンピックを一里塚として我が国の自動走行に係るイノベーションを発信。
4．仕組み改革・意識改革への寄与
　関係者が協調して取り組むべき領域を明確化し、関係府省庁、産学官が連携。
5．プログラムディレクター
　葛巻清吾　トヨタ自動車　先進技術開発カンパニー　常務理事

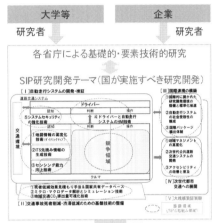

（出典：内閣府ホームページ「SIP第1期研究開発概要（11課題）」）

【自動運転分野におけるSIP第2期の活動概要】

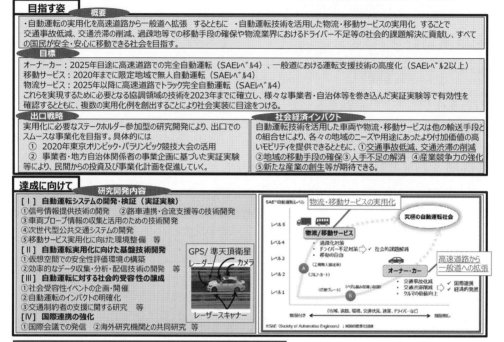

（出典：内閣府ホームページ「SIP（第2期）研究開発計画の概要」）

2　官民ITS構想・ロードマップの策定

　高度道路交通システム（ITS Intelligent Transport Systems）という概念があります。ITSは、「人と道路と自動車の間で情報の受発信を行い、道路交通が抱える事故や渋滞、環境対策など、様々な課題を解決するためのシステム」と定義され、先進技術の登用によって、現在の道路交通の課題を解決する次世代の道路交通システムを総称する概念です（特定非営利活動法人ITS Japanホームページ「ITSとは」）。これを構成する要素として、既に見た「CASE」が近年注目されています。

　自動運転が、我が国の道路交通をめぐる様々な課題を解決するための有力なツールであることは間違いありません。しかし、課題の解決は、単に自動車が自動で走るということだけでは達成できません。周辺サービスと連関し、ITSに組み込まれることで、その真価を発揮します。

　そのためには政府が、将来の我が国の道路交通システムの全体像を示し、その実現に向けて各分野の取組みについてマイルストーンを設定していく必要があります。そ

こで、政府は、2014年、内閣官房内に設置された高度情報通信ネットワーク社会推進戦略本部（略称「IT総合戦略本部」）が所管となって、官民ITS構想・ロードマップを策定しました。その後、このロードマップは、最新の時流や技術革新の状況に合わせて毎年改定されています。この改定の会議には、SIPの自動運転に関するプログラムチームも参加しており、ロードマップに従って協調領域の策定や技術開発の方向性が考えられ、具体的な予算取りが行われています。

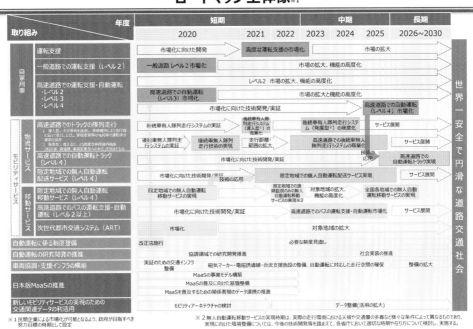

（出典：政府CIOポータルホームページ　「官民ITS構想・ロードマップ」）

第 1 章

運転の自動化と法整備

14

第1　運転者の注意義務の変容

1　運転動作の分解

　序章でも触れたとおり、人が自動車を運転する際に行うサブタスクの総称を、動的運転タスクと定義していますが、ここではそのうち、自動車を走行させるためのメインタスクについて身体の動作に分解して考えてみます。

　人は、自動車を走行させようとする際、まず五感で周囲の状況に関する情報を検知し、検知した情報を脳内で処理して運転環境を認知します。そして、認知した運転環境から、次に起こる事象を予測して、これに対応するために必要な車両の動静を判断し、その判断に沿うように自身の手足を動かして車両を操作します。

　従来、自動車の運転は、この検知、認知、予測、判断、操作というメインタスクの過程全てを人のみが担うものとして考えられてきました。

2　運転支援システムの搭載（運転自動化レベル1、2）

　しかし、科学技術の進歩に伴い、人のみが担ってきた運転動作を車両が支援するシステムが、搭載されるようになります。

　まずは、センサー等で周囲の状況を検知し、警報、ハンドルの振動、映像投影やライトの調節等で運転者に認知を促したり、車両外部にいる人に注意を喚起したりするシステムが開発されました。

　その後、科学技術のさらなる進歩によって、以下に代表されるように、検知、認知のみならず、予測、判断、操作の過程まで支援するシステムが登場します。本書では、この運転自動化レベル1、2の技術を運転支援システムと呼びます。運転支援システムには、車両メーカーや車種によって、多くのバラエティがありますが、次のようなものが代表的です。

① プリクラッシュブレーキ（衝突被害軽減制動制御装置）

　事故の回避又は被害の軽減を目的として、衝突が予測される障害物の存在を運転者に知らせるとともに、運転者による制動が不十分な場合に車両を制動するシステム（運転自動化レベル1）。

※保安基準細目告示等の改定により2021年11月から乗用車等に順次搭載義務化

　作動環境条件：原則制約なし（センサーの精度による限界はある）

　　検知支援機能：進行方向上の障害物を検知

　　認知支援機能：障害物の存在を運転者に知らせる警報等

　　予測支援機能：将来の衝突を予測

　　判断支援機能：車両を制動させるタイミング・強さを判断

　　操作支援機能：エンジン出力抑制・ブレーキ制御

　　動作解除条件：運転者による操作やシステムオフで解除

②　誤発進抑制ブレーキ（ペダル踏み間違い急発進等抑制装置）

　　駐車時から発進する際のペダル踏み間違えによる事故の防止を目的として、障害物がある状態でアクセルペダルが踏み込まれると、運転者に知らせるとともに、車両を制動するシステム（運転自動化レベル1）。

※後付可能な装置であり、2020年4月より、一定の性能を有する装置を国が認定

　　作動環境条件：停止時

　　検知支援機能：進行方向上の障害物とアクセルペダルの踏込みを検知

　　認知支援機能：障害物の存在を運転者に知らせる警報等

　　予測支援機能：将来の衝突を予測

　　判断支援機能：車両を制動させるタイミング・強さを判断

　　操作支援機能：エンジン出力抑制・ブレーキ制御

　　動作解除条件：運転者による操作やシステムオフで解除

③　レーンキープアシスト（車線維持支援システム）

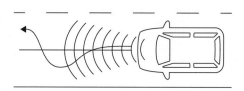

　車線逸脱による事故の防止を目的として、車線幅を認知し、走行中の車線から逸れると、運転者に知らせるとともに、車線のほぼ中央を走行するように車両を操舵するシステム（運転自動化レベル1）。

　　作動環境条件：白線の検知が十分に可能な道路環境下で走行中の場合

　　検知支援機能：道路上の白線と先行車の走行軌跡を検知

　　認知支援機能：車線幅を逸したことを運転者に知らせる警報等

　　予測支援機能：車線逸脱による危険な走行を予測

　　判断支援機能：車線中央を走行するように操舵する方法を判断

　　操作支援機能：ステアリング制御

　　動作解除条件：運転者による操作やシステムオフで解除

④　アダプティブクルーズコントロール（追従機能付き定速走行支援装置）

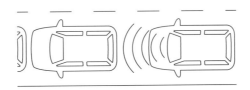

　運転者の負担軽減を目的として、設定速度の範囲内で、先行車との安全な車間距離を保ち、追従走行を続けるシステム（運転自動化レベル1）。停止動作も含めた全車速域で車間距離維持を実現するシステムはフル・スピード・レンジACCと呼ばれる。

※レーンキープアシストと併用の場合、運転自動化レベル2

　　作動環境条件：自動車専用道路走行中であることが多い

　　検知支援機能：自車の速度、先行車の速度や先行者との車間距離を検知

　　認知支援機能：先行車との安全な車間距離を認知（警報等はない）

　　予測支援機能：先行車の接近・隔絶を予測

　　判断支援機能：車間距離を一定に保つための制動・操舵方法を判断

　　操作支援機能：アクセル制御・ブレーキ制御・ステアリング制御

　　動作解除条件：運転者による操作やシステムオフで解除

⑤　パーキングアシスト（駐車支援装置）

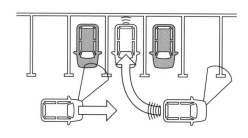

車庫入れのイメージ

　運転者の負担軽減及び事故の防止を目的として、設定した駐車位置に収まるように車両を異動させるシステム（運転自動化レベル2）。

　作動環境条件：駐車位置と車両とが一定の近距離にある状態

　検知支援機能：駐車位置付近の状況の検知

　認知支援機能：駐車動作に際しての運転環境の認知

　予測支援機能：駐車開始から停止までに起こり得る事象を予測

　判断支援機能：運転動作にかかる制動・操舵方法を判断

　操作支援機能：アクセル制御・ブレーキ制御・ステアリング制御

　動作解除条件：運転者による操作やシステムオフで解除

　以上の五つの技術のうち、誤発進抑制ブレーキを除く四つのシステムは、車両走行中にシステムが加速、制動又は操舵を行うものですので、システムの作動により交通事故を引き起こす危険を有しています。第4章では、これらの運転支援システムに係る事故についても、ケースごとに責任関係を検討します。

3　自動運行装置の登場（運転自動化レベル3）

　上で見てきた運転支援システムは、運転の検知、認知、予測、判断、操作の過程を、人が担うことを前提に、これを文字通り支援するものでした。これに対し、一定の条件下でこの全過程をシステムのみで行える技術が生まれました。道路運送車両法は、このシステムを「自動運行装置」と定義し（車両41②）、一定の基準（保安基準）をクリアしたものについて、公道を走る自動車に搭載させることを認めました（車両41①二十）。ただし、その作動状態を後から確認できるようにするための記録装置（作動状態記録装置）を備えていることを要件としています。

　また、序章でも触れたように、過渡期のレベル3、4の自動運転には、限定領域（ODD）の設定が不可欠です。上記の自動運行装置の定義規定（車両41②）にも「当該装置ごとに国土交通大臣が付する条件で使用される場合において」と安全に作動するための条

件（保安基準細目告示の中では「走行環境条件」と呼ばれています。）が付されていることが予定されており、この条件を満たさない場合には、自動運行装置を使用して自動車を運転してはならないとされています（道交71の4の2）。この条件の設定には、「自動運行装置が使用される場所、気象及び交通の状況その他の状況」を特定することが必要です（車両規31の2の2①三）。

　我が国では、2020年11月11日、国土交通省が世界で初めて、この自動運行装置を備えた車両として、本田技研工業株式会社の1車種（レジェンド）を型式指定し、2021年内には、ドイツにおいてメルセデス・ベンツの1車種（Sクラス）に運転自動化レベル3のシステムが搭載される予定です。いずれも自動運行装置を作動させての走行が予定されているシステムは、トラフィックジャムパイロット（Sクラスでの名称は、ドライブ・パイロット）です。概要は次のとおりです。

・トラフィックジャムパイロット（高速道路等における低速自動運行装置）

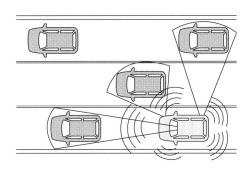

　　　運転者の負担軽減及び事故の防止を目的として、自動車専用道路上の渋滞中の運転動作全般を運転者に代わってシステムが担当する（運転自動化レベル3）。

　　走行環境条件：対向車線と構造上分離されている自動車専用道路上で、走行車線前方が混雑しており、自車が時速30km未満で走行中で、前走車と後続車が車線中心を走行していること、悪天候ではなくGNSSによる自車位置検知が正常であること及び運転者が正しい姿勢でシートベルトを装着し、アクセル・ブレーキ・ハンドルなどの運転操作をしていないこと

　　検知・認知・予測・判断・操作機能：走行中の車内・車外の状況を検知・認知し、周囲の交通状態を予測し、他と適切な車間距離を取りつつ走行できる加速・制動・操舵方法を判断。判断に従って、アクセル制御・ブレーキ制御・ステアリング制御を行う。

　　動作解除条件：運転者による操作・システムオフ、システムの判断で解除

4　運転の定義規定の変更

　自動運行装置の登場により、必ずしも人が関与せずとも自動車を運転できるようになりました。これに伴い、道交法2条1項17号の運転に関する定義規定も、「自動運行装置を使用する場合を含む」との文言が付されました。したがって、自動運行装置の作動によって車両が走行している状態も道交法上の運転に含まれると解釈されることになります。

5　運転者の注意義務の一部免除

　道交法70条では、車両の運転者に安全運転義務を課しています。この義務は、「ハンドル、ブレーキその他の装置を確実に操作し、かつ、道路、交通及び当該車両等の状況に応じ、他人に危害を及ぼさないような速度と方法で運転しなければならない」というものです。

　ここでいう「運転」に自動運行装置を使用する場合も含まれるのですから、自動運行装置を使用して走行している間も、運転者は、周囲の状況に応じて安全な速度と方法で車両を走行させなければならない一般的義務を負っているということになります。

　ただし、当該装置使用中は、周辺環境を注視すべき義務が一部免除されています。以下に該当条文を引用します。

【条　文】

〇道路交通法

第71条（運転者の遵守事項）

①　車両等の運転者は、次に掲げる事項を守らなければならない。

　　〔一〜五の四　略〕

　五の五　自動車又は原動機付自転車（以下この号において「自動車等」という。）を運転する場合においては、当該自動車等が停止しているときを除き、携帯電話用装置、自動車電話用装置その他の無線通話装置（その全部又は一部を手で保持しなければ送信及び受信のいずれをも行うことができないものに限る。〔略〕）を通話（傷病者の救護又は公共の安全の維持のため当該自動車等の走行中に緊急やむを得ずに行うものを除く。〔略〕）のために使用し、又は当該自動車等に取り付けられ若しくは持ち込まれた画像表示用装置〔略〕に表示された画像を注視しないこと。

第71条の4の2（自動運行装置を備えている自動車の運転者の遵守事項等）

①　〔略〕

2　自動運行装置を備えている自動車の運転者が当該自動運行装置を使用して当該自動車

> を運転する場合において、次の各号のいずれにも該当するときは、<u>当該運転者について</u>
> <u>は、第71条第5号の5の規定は適用しない。</u>
> 一　当該自動車が整備不良車両に該当しないこと。
> 二　当該自動運行装置に係る使用条件を満たしていること。
> 三　当該運転者が、前2号のいずれかに該当しなくなった場合において、直ちに、そのこ
> 　　とを認知するとともに、当該自動運行装置以外の当該自動車の装置を確実に操作する
> 　　ことができる状態にあること。

　このように、法律の規定上、運転者は、整備不良に陥っていない自動車で、走行環境条件のもと自動運行装置を作動させている間は、当該条件から外れた場合にすぐ認知・操作できる状態を保っていれば（したがって、運転中の睡眠や飲酒等は許されません。）、携帯、タブレットやPCの画面を見ていてもよいというわけです。この規定が設けられたことにより、自動運転中の運転者の周辺環境注視義務は条件付きで免除されたと言えますので、交通事故が発生した場合の運転者の過失の評価に大きく影響することになります。

第2　自動運転車の品質保持

1　自動車一般の品質保持制度

　一般に自動車には、道路運送車両法3章の規定に従い、その構造や装置について、安全確保及び環境保全上の技術基準として、国土交通省令及び細目告示が定められています。これを保安基準といい、保安基準を充たす車両のみ運行の用に供することができます（車両40）。そして、保安基準に適合している状態を常に保つため、以下のような制度が設計されています。

① 製作から販売までの適合性検査

主体	制度	概要
メーカー等	型式指定	メーカー等が新型の自動車等の生産又は販売を行う場合に、あらかじめ国土交通大臣に申請を行い、当該型式の構造、装置及び性能について、保安基準への適合性及び均一性を検査し、合格した型式を指定する制度（車両75）。 この指定に係る事務のうち、保安基準への適合性審査は、独立行政法人自動車技術総合機構に委託している（車両75の5）。 この指定を受けたメーカー等は、当該型式の自動車等を販売する際に、自社で当該自動車について、保安基準への適合性を検査し（完成検査）、完成検査終了証を発行して、購入者に交付する（車両75④）。

| 使用者
（多くの
場合、販
売店が代
行） | 新規検査 | 自動車登録ファイルに未登録の自動車等の使用者が、新規登録の申請と同時に、国土交通大臣に申請を行い、当該自動車について、保安基準への適合性を検査する制度（車両59）。適合性が認められれば、自動車検査証が交付される（車両60①）。
完成検査終了証が提出されれば、新規検査の際、現車の提示が免除される（車両7③二）。
自動車等は、有効な自動車検査証の交付を受けていなければ、運行の用に供してはならない（車両58①）。 |

↓

② 購入後の維持管理

主体	制度	概要
使用者	点検整備	【日常点検整備】（車両47の2） 適切な時期（自動車運送事業の用に供する自動車等の使用者又は運行する者は1日1回）に、自動車点検基準1条に規定する項目について、目視等の方法で、自動車を点検しなければならない（巻末資料：自動車点検基準別表1、2参照）。
		【定期点検整備】（車両48） 道路運送車両法48条1項各号が定める期間ごとに、自動車点検基準2条に規定する項目について、国土交通省告示「自動車の点検及び整備に関する手引」に記載されている方法に従い、自動車を点検しなければならない（巻末資料：自動車点検基準別表3〜7参照）。
		【事業者の定期点検】（貨物自動車運送事業輸送安全規則3の2一、旅客自動車運送事業運輸規則45一） 貨物・旅客運送事業者は、上記の日常点検整備及び定期点検整備に加えて、事業用自動車の構造及び装置並びに運行する道路の状況、走行距離等の使用の条件を考慮して、定期に行う点検の基準を作成し、これに基づいて点検し、必要な整備をしなければならない。
使用者	継続検査 （車検）	自動車検査証の有効期間の満了後も自動車を使用しようとするときは、当該自動車を提示し、自動車検査証を提出して、国土交通大臣の行う保安基準適合性検査を受けなければならない（車両62①）。適合性が認められれば、有効期間の記入された自動車検査証が返付される（車両62②）。

↓

③　不適合又はそのおそれが発覚したとき

主体	制度	概要
地方運輸局長（使用者に対して）	整備命令	自動車が保安基準に適合しなくなるおそれがある状態又は適合しない状態であるとき、その状態を解消させるに必要な整備を行うべきことを命じることができる（車両54①）。 その際、保安基準に適合しない状態の自動車の使用方法又は経路の制限その他保安上又は環境保全上必要な指示をすることができる（車両54①）。 整備命令又は上記の指示に従わないとき、当該自動車の使用を停止することができる（車両54②）。
使用者	臨時検査	国土交通大臣は、一定の範囲の自動車につき、事故が著しく生じている等によりその構造、装置又は性能が保安基準に適合していないおそれがあると認めるときは、期間を定めて臨時検査を受けるべき旨を公示する（車両63①）。 定められた期間内に自動車を提示して、国土交通大臣が行う検査を受けなければ、当該期間の経過後は、自動車検査証の効力を失う（車両63④）。 適合性が認められれば、臨時検査合格標章が交付され（車両63⑤）、国土交通省令の定められた期間内、これを定められた方法で表示しなければ、運行の用に供してはならない（車両63⑥）。

↓

④　不適合の原因が設計又は製作の過程にあると認められるとき

主体	制度	概要
メーカー等	改善措置（リコール）	メーカー等は、その製作した同一の型式の一定の範囲の自動車の構造、装置又は性能が保安基準に適合しなくなるおそれがある状態又は適合していない状態にあり、かつ、その原因が設計又は製作の過程にあると認める場合において、当該自動車について、必要な改善措置を講じようとするときは、あらかじめ国土交通大臣に、装置の状況や原因、措置の内容等を届け出なければならない（車両63の3①）。 当該措置の内容や状況については、国土交通省の指示に従い（車両63の3③）、報告をしなければならない（車両63の3④）。
国土交通大臣（メーカー等に対して）	改善勧告等	国土交通大臣は、臨時検査を行うべきときで、その原因が設計又は製作の過程にあると認めるときは、メーカー又は輸入業者に対し、保安基準に適合させるために必要な改善措置を講ずべきことを勧告することができる（車両63の2①）。 勧告に従わないときは、その旨公表することができる（車両63の2③）。

2 保安基準

1のように、自動車の品質保持制度は、一貫して保安基準に適合しているか否かを指標に制度設計されています。公道での安全な自動運転の実現には、自動運行装置にどのような保安基準を設けるかが重要です。そして、当該装置作動中に交通事故が発生した場合には、当該装置がこの保安基準に適合していたか否かが、自動車製作者側にその責任を問えるか考える際の大きな考慮要素の一つといえます。

保安基準は、省令、細目告示、細目告示別添という三つの階層によって成り立っています。自動運行装置が備えるべき一般的な要素に関する保安基準は、巻末資料をご参照ください（巻末資料：保安基準省令48、保安基準細目告示72の2・150の2・228の2）。

また、現時点で自動運行装置を作動させての走行が予定されているシステムは、トラフィックジャムパイロットに限られていますので、このシステムに関する技術基準が保安基準細目告示別添122に規定されています。今後、実装される見込みのある機能から順に段階的に規定されていくものと考えられます。

3 ハードウエアの品質保持

(1) 特定整備制度

自動車の点検・整備は、基本的にはその使用者の責任において行われることとなっています（1参照）。しかし、自動車は高度な安全性が要求される精密機械ですので、機械の重要な部分に変更を加えるおそれのある整備（特定整備（車両49②））について、整備事業者に委託する場合は、地方運輸局長の認証を受けた整備事業者しかこれを請け負うことができません（車両78①）。この特定整備は、分解整備と電子制御装置整備とに分けられ、電子制御装置整備には、センサー等の運転支援技術（条文上「運行補助装置」と定義されています。）の整備・改造と自動運行装置の整備・改造とが含まれます（車両規3八・九）。つまり、自動運行装置及び運転支援技術の一部について、特定整備の対象となっているのです。

(2) 車載式故障診断装置（OBD）の導入

自動運行装置を備えた自動車を運転する運転者は、当該装置を使用する際には当該装置が正常に作動する状態であることを確認しておかなければなりません。そのためには常に故障がないか診断する装置が車載されており、その診断情報が運転者から分かるように表示されている必要があります。このような装置を車載式故障診断装置（OBD：On-Board Diagnostics）といいます。

　OBDは、自動車使用中、システムの状態を常時監視し、異常を検知した際には、予め設定されている故障コードを記録します。そして、この故障コードのうち安全上重大な異常に係るものについては、運転席の表示板で運転者に報知します。

　国土交通省は、OBDの以上のような活用に加え、2021年10月以降（輸入車については2022年10月以降）の新車について、2024年10月から（輸入車については2025年10月から）継続検査（車検）の際に、法定のスキャンツールを用いてOBDに記録された故障コードを読み出し、メーカーから予め開示を受けて自動車技術総合機構がサーバーに取りまとめた故障コードとインターネットを介して照合することで、見つけにくい自動運行装置等の異常を発見する検査手法を導入することとしています。

4　ソフトウエアの品質保持

　自動運行装置は、ハードウエアとしての電子計算機及びソフトウエアとしてのプログラムを主たる構成要素とする装置です（車両41②）。ハードウエアの整備及び改造については、3(1)で見たように特定整備事業の認証制度により品質保持が図られています。他方で、ソフトウエアの品質保持はプログラムのアップデートやバージョンアップという方法でなされますが、このうち保安基準の適合性に影響を与えるおそれがあるものについては、「特定改造等」と定義され、事前に国土交通大臣の許可を受けることとされました（車両99の3）。ソフトウエアのアップデートやバージョンアップは、プログラム提供者がインターネットを介して直接更新プログラムを自動運行装置にインストールする方法（車両99の3①一）とプログラム提供者がインターネットを介して使用者に更新プログラムを提供し、使用者の手によって自動運行装置にインストールする方法（車両99の3①二）とが想定されており、いずれについても許可制ということになっています。

第3　自動運転のインフラ整備

1　道路側からの自動運転の補助

　公道において、安定的な自動運転を可能にするためには、道路側にも走行を補助する装置を設置することが想定されます。例えば、予定進路を検知するために、車線区分線上に磁気マーカーを設置したり、通信により路面状態に関するデータをリアルタイムで発信する装置を設置したりということが挙げられます。

　そこで、2020年11月25日施行の改正道路法では、「電子的方法、磁気的方法その他人

の知覚によって認識することができない方法により、自動運行装置を備えている自動車の自動的な運行を補助するための施設その他これに類するもの」を自動運行補助施設と定義して（道路2①五）道路の附属物の一つと整理した上、その設置には、道路管理者から占用許可を受けることが必要であることが定められました（道路32①三）。この占用許可は、本来、政令の基準に適合していることに加え、道路の敷地外に余地がないためにやむを得ない場合であることを要件としています（道路33①）が、自動運転の推進のため、自動車の自動運転に係る技術の活用による地域における持続可能な公共交通網の形成又は物資の流通の確保、自動車技術の発達その他安全かつ円滑な道路の交通の確保を図る活動を行うことを目的とする法人又はこれに準ずるものとして国土交通省令で定める者には、この要件を課さないこととされました（道路33②六）。

　道路管理者は、占有許可を与えて設置された自動運行補助施設について、当該施設の性能、設置した道路の場所等を公示しなければなりません（道路45の2②）。また、道路管理者は自動運行補助施設の設置状況を国土交通大臣又は都道府県知事に報告しなければなりません（道路76①三）。

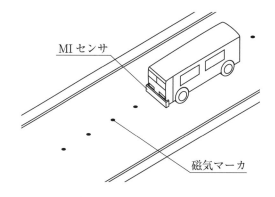

MI センサ

磁気マーカ

2　衛星を使用した現在位置の測位

　現在、利用されている衛星測位システム（GNSS：Global Navigation Satellite System）の中で私たちがよく知るものにGPS（Global Positioning System）があります。

　GPSは、アメリカが無料で全世界に開放している全地球航法衛星システムで、衛星からの電波信号をユーザーが受信し、衛星からユーザー受信機までの信号が届いた時間からその距離を算出し、現在位置の座標を特定するものです。このような測位方法の性質上、複数の衛星からの電波信号を受信しなければ精度の高い位置の特定はできません。位置の特定には最低4機の衛星信号を受信する必要があり、高精度の測位では8機以上が望ましいとされています。アメリカは、地球上のほぼ全ての場所で現在位置の測位が可能となるように約30機の衛星を周回させていますが（内閣府　宇宙開発

戦略推進事務局ホームページ「各国の測位衛星」）、日本は山地が多く、都市部にはビルが建ち並ぶため、低仰角にある衛星の電波信号が受信できない、又はビルなどに反射した信号しか受信できないという場合が想定されます。このような場合、測位の誤差が10mを超えることもあり、自動運転を支えるシステムとしてはほとんど功を奏しません。

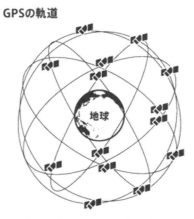

（出典：内閣府　宇宙開発戦略推進事務局ホームページ「みちびきの軌道」）

　そこで、我が国ではGPS衛星と高い互換性を持ち一体で利用できる衛星を、主に日本の上空をカバーするように追加で配置することで、測位の精度を高めるシステムが運用されています。これが準天頂衛生システム「みちびき」です。みちびきは、2018年11月から、1機の静止軌道衛星と3機の準天頂軌道衛星の4機体制で、準天頂衛星システムサービス株式会社により運用されていますが、宇宙基本法24条に基づいて作成される宇宙基本計画では、2023年度を目途に7機体制となることが予定されています（内閣府ホームページ「宇宙基本計画」（令和2年6月30日閣議決定））。このような体制が整えば、GPSによる測位の誤差は10cm程度にまで低くなると考えられています。

（出典：内閣府　宇宙開発戦略推進事務局ホームページ「みちびきとは」）

　なお、衛星測位システムは、トンネルの中など電波信号が受信できない場所では利用できません。安定的な自動運転を可能にするためには、こうした場所でも様々なセンサー等の情報から現在位置を高精度で推測する技術が求められます。

3　ダイナミックマップの整備

　自動運転における航路予測には、現在位置の高精度な認知が必要です。そのためには、GNSS等を使用して得た座標情報を、デジタル地図上に落とし込まなければなりません。これには高精度な3次元地図データ（HDマップ：High-Definition Map）の整備が不可欠です。HDマップの整備はあらゆる自動運転車の基盤となる情報インフラですから、SIP第1期において協調領域に位置付けられ、官民共同出資による投資ファンドである産業革新機構が筆頭株主となって、ダイナミックマップ基盤株式会社（DMP社）が設立されました。DMP社は、日本中の道路を実際に高度な計測用機器（MMS：Mobile Mapping System）を載せた車両を走らせ、計測した膨大な量のデータを点群データとして図化したうえで、その点群データから道路の地物データ（区画線、路肩縁、道路標識・標示、信号機、車線・車道リンク、交差点領域など）を抽出し、各地物データを関連付けて統合することで、HDマップを作成します。同社は、2019年3月に高速道路と自動車専用道路上下線2万9205kmについてHDマップの整備を完了し、その後の新規延伸やリフレッシュ工事などによる情報変化に対応して随時更新を行っています（2021年3月末時点で上下線計3万1,777kmを整備）。

【点群データ】

【HDマップ】

 →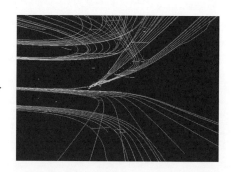

（出典：ダイナミックマップ基盤株式会社）

　このようにして整備されるHDマップは、道路や道路上の構造物、車線・路面情報等更新頻度の低い（1か月以内）静的情報です。しかし、自動運転においてシステムが航路予測をする際には、静的情報だけではなく、刻一刻と変化する地図環境情報も取得

する必要があります。すなわち、交通規則や道路工事の予定、広域気象予報情報など1時間以内での更新頻度が求められる情報（準静的情報）、交通事故情報、交通規制情報、渋滞情報や狭域気象情報など1分以内での更新頻度が求められる情報（準動的情報）、周辺車両情報、周辺歩行者情報や信号機情報など1秒単位での更新頻度が求められる情報（動的情報）も含めた4階層の地図情報をもつデータベース（ダイナミックマップ）が必要です。

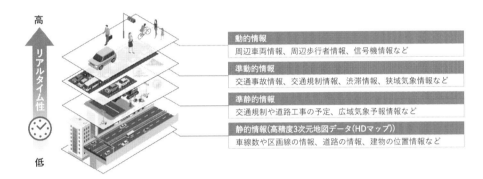

（出典：ダイナミックマップ基盤株式会社）

　ダイナミックマップの整備には、路車間・車車間通信も活用した即時の更新・同期を行う技術を安定化する必要があり、そのための実証実験が行われているところです。

4　遅延のない通信の確立（5G通信）

　ダイナミックマップの整備には、あらゆる移動媒体や交通インフラから大量のデータを収集して、これらを即時に4階層のデータとしてクラウド上で統合し、リアルタイムで更新し続けなければなりません。ほかにも、自動運転車は、他車、インフラ、外部リソースから様々なデータをリアルタイムで入手します。そのためには高度な通信技術が必要です。2015年以降の第4世代と呼ばれる通信技術では、高速化、低遅延、多接続に重点を置いたLTE-Advancedが規格されましたが、この規格のままでは、通信速度・精度・同時接続性いずれの点でも自動運転には適していません。そこで2020年以降の第5世代と呼ばれる新たな通信技術が期待されています。第5世代の通信技術においては、最大通信速度は10Gbpsと第4世代の10倍、遅延は1ミリ秒程度と第4世代の10倍の精度で、100万台/km²の同時接続が可能となるとされています（総務省ホームページ「令和2年版情報通信白書」）。

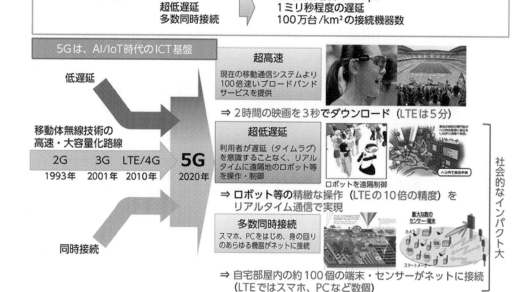

（出典：総務省ホームページ「令和2年版情報通信白書」）

　新たな通信技術については、各国が自由に無線電波を利用すれば、近隣の国同士で有害な電波干渉が生じるおそれがあるため、国際電気通信連合（ITU：International Telecommunication Union）が3～4年ごとに世界無線通信会議（WRC：World Radiocommunication Conference）を開き、電波の周波数ごと、地域ごとの利用ルールを調整しています（NTT技術ジャーナルホームページ「ITU世界無線通信会議（WRC-19）報告」）。第5世代の通信技術については、2019年10月～11月にWRCが開催され、各国に割り当てられる周波数帯が決まりました。我が国では、総務大臣が、2020年12月22日、電波法26条1項に基づいて周波数割当計画を作成・公表しました（総務省電波利用ホームページ「周波数割当計画」）。各通信会社は、第5世代の通信技術を利用するためには、電波法4条1項の無線局免許を取得する必要があるので、当該計画に沿うように同法6条1項に基づく申請を行います。現在、申請に対する免許付与が順次進んでいる状況です。

5　限定した区域内での法規制緩和（国家戦略特別区域）

　自動運転の実現のためには、車両・道路・通信に対する法規制を改め、新たな科学技術を受容できる社会を作らなければなりませんが、国土全体でこのような社会を作るには長い時間が必要です。他方で、科学技術の進歩はトライ＆エラーの繰り返しによってなされるものですので、実験段階で実際に走行できる街を用意することが望まれます。

　警察庁は、2016年5月、「自動走行システムの公道実証実験のためのガイドライン」を公表し、特別の許可や届出なしに実施可能な公道上の実証実験の対象を明確化しました。そして、2020年9月、「自動運転の公道実証実験に係る道路使用許可基準」を公表し、道路使用許可に係る審査の基準や指導事項等を示しています（警察庁ホームページ「自動運転の公道実証実験について」）。

　このような指導基準に従って実証実験が行われる区域として、活用されているのが国家戦略特別区域です。国家戦略特別区域とは、産業国際競争力の強化及び国際的な経済活動拠点の形成という目標に資する特定事業を推進するため、総合的かつ集中的に必要な施策を講ずる区域として政令で指定されるものです（戦略特区1・2①）。具体的には、特定の事項に対する特例措置を設ける区域を定め、当該区域内で特例措置を受けて行われる特定の事業を認定します。2021年6月17日時点で、全国で特例事項は64、認定事業は387に上っています。自動運転に関する特例事項としては、実証実験を行うための指導基準等の情報提供、相談、助言その他の援助を行うワンストップセンターが、東京都、神奈川県、愛知県、沖縄県、仙北市、仙台市、新潟市、今治市、福岡市、北九州市に設けられています。

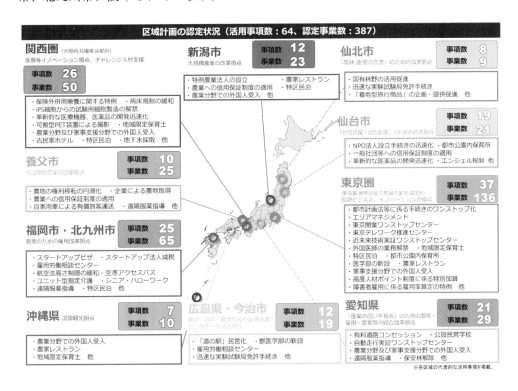

（出典：内閣府　国家戦略特区ホームページ「制度概要」）

　国家戦略特別区域法は、2020年6月に一部改正され、技術実証区域として指定を受けることで（戦略特区25の2）特例措置として、新たに以下の規制緩和を受けることを可能としました。

① 　道路運送車両法3章　保安基準の適用除外（戦略特区25の3）

② 　道交法77条　道路使用許可の擬制（戦略特区25の4）

③ 　航空法132条2項　無人航空機飛行禁止の適用除外（戦略特区25の5）

④ 　電波法12条　無線局の免許付与／電波法27条の5　特定無線局の免許付与（戦略特区25の6）

　SIP第2期では、競争領域の実証実験と実験データの共有・解析を目標に取組が進められており、その実践としてこのような区域内で先進的な技術の実験が進められているところです。

第 2 章

自動運転・
運転支援システムを
構成する技術

34

はじめに

　第1章で見てきたように、システムが人に代わって運転するには、人が運転に際して行う検知・認知・予測・判断・操作に代替する技術が必要であり、種々の法定検査を行って、その技術が常に保安基準を満たしている状態を維持しなければなりません。

　また、運転支援・自動運転システムの作動中に交通事故が生じた場合、その責任の所在を明らかにするためには、システムがどのような情報を検知・認知し、どのような予測・判断の下、どのように車両を動かしたか、そしてこれに運転者はどのように寄与したかという事故発生の具体的な事情を、記録媒体に記録された数値や映像等の情報を基に明らかにしていく必要があります。ですので、システムを構成する技術にどのようなものがあるか考える際には、同時にその技術の動作記録がどの媒体に記録されているかということも確認しておく必要があります。

　さらに、訴訟において事故発生の具体的な事情を立証する場合、合理的な疑いが生じない程度の真実性を有していないといけないとされています。逆に、技術の動作記録に基づく立証に対して反証を行う側としては、その記録に誤りがある可能性を追及していくことになります。このことから、システムを構成する技術を考える際には、動作又はその記録にどの程度の誤差が生じる可能性があるかということも確認しておく必要があります。どのような方法・過程で記録されたものかという点とどの程度の誤差が生じる可能性があるのかという点が重要です。

　本章では、運転支援システム又は自動運転システムを構成する検知・認知・予測・判断・操作及びその周辺の役割を担う各技術について、動作の記録媒体と動作やその記録に含まれる誤差の可能性も考慮に入れて、概要を確認します。

第1　各センサーによる検知の技術（五感に代わる技術）

1　自車状態を検知するための技術
　（1）　速度の算定（車速センサー）
①　検知情報の記録媒体
　　イベントデータレコーダー
②　検知の方法
　　車両の速度は、トランスミッションに装着された車速センサーが車輪の回転速度

に比例した電気信号を発し、この信号をコンピューターが演算してスピードメーターに表示されます。この演算は、簡単にいえば、走行距離について「車輪の回転速度×車輪外周長」という計算をしています。実際に走った距離を計測して速度を計算しているわけではありません。

③　誤差の可能性

　車両の速度は、上記のような演算により算出されますので、空気圧不足や摩耗によって、車輪の外周の長さが変化すると、実際の速度と計算上の速度との間に誤差が生じます。ただし、スピードメーターの誤差は、保安基準細目告示148条で許容範囲が定められています。

　（2）　加速度の計測（加速度センサー）

①　検知情報の記録媒体

　イベントデータレコーダー

②　検知の方法

　車両の加速度は、センサー内でバネにつながれた可動マス（重り）がどの程度動いたか計測することによって検知されます。近年ではこの加速度センサーはMEMS（Micro Electro Mechanical Systems＝微小電気機械システム）技術で製作されます。

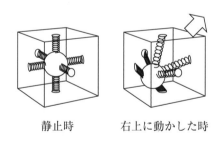

静止時　　　　右上に動かした時

重りの位置変化から加速度を求める

③　誤差の可能性

　車両の加速度は、上記のように重りの変位を計測することによって検知されますが、実際には自動車が静止中でも、直下方向に1Gの重力加速度がかかります。ですので、計測困難な微妙な傾斜がある場所を走行する場合、この重力加速度のかかる方向がずれるため、その分誤差が生じる可能性があります。

　（3）　回転角（向き）の計測（ジャイロセンサー）

①　検知情報の記録媒体

　イベントデータレコーダー

② 検知の方法

　振動する物体が回転すると、その回転軸に垂直な平面上で、振動方向に対して垂直な方向にコリオリ力が発生します。このコリオリ力は、上記の加速度センサーと同様に一定方向に一定速度で振動する重りの変位を計測することで検知することができます。このコリオリ力と重りの振動速度とを基に車両の角速度（＝単位時間当たりの角度変化量）を算出し、回転角を割り出すことができます。近年ではこのジャイロセンサーもMEMS技術で製作されます。

③ 誤差の可能性

　ジャイロセンサーは、重りを一定の方向に一定の速度で振動させ、その重りの変位を計測するものですので、他の要因による振動が重りに影響すれば、その分計測値に誤差が生じる可能性があります。

　(4)　進行方向の測定（磁気コンパス）

① 検知情報の記録媒体

　なし

② 検知の方法

　磁石により磁力線の方向（磁気子午線）を測定することにより、車両の絶対的な進行方位を検知することができます。

③ 誤差の可能性

　磁石の指す北と地理学的真北とは同一点ではないため、地球上のある点を通る磁気子午線は地球上の子午線とは一致しません。ここに誤差が生じます。この誤差は国土地理院の磁気図で地点ごとに示されています。

2　車外環境を検知するための技術

　(1)　視覚情報の検知（可視光カメラ）

① 検知情報の記録媒体

　ドライブレコーダー

② 検知の方法

　人の視覚は、2度程度の視野を持つ中心視と100度程度の有効視野を持つ周辺視からなっており、可視光領域と呼ばれる約400〜700nmの波長の電磁波を検知できます。距離精度は低いですが、ほぼ同じ視野を持つ二つの眼球によって両眼立体視を構成しています。そして、このような視野を持つシステムを、眼球運動と頭部運動によって視線制御しています。現在の信号、標識、標示、灯火等の道路環境は、人

の視覚向けに設計されていますので、人の視覚に近い可視光領域を検知するカメラは必要不可欠です。そして、カメラには眼球運動や頭部運動のような視線制御ができませんので、固定視野で全周をカバーできるように多方向に複数のカメラを設置する必要があります。また、一つの眼球に相当する単眼カメラでは2次元の画像として視覚情報を検知することしかできません。人の視覚のような両眼立体視を実現するためには、人の視覚と同様に2台以上のカメラで同じ物体を異なる方向から検知した画像情報を融合させて、その物体を立体的に把握する技術が用いられます。これをステレオカメラといいます。ステレオカメラは、検知のみならず認知も同時に行う技術といえます。

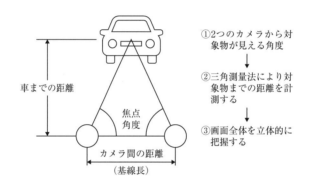

① 2つのカメラから対象物が見える角度

② 三角測量法により対象物までの距離を計測する

③ 画面全体を立体的に把握する

③ 誤差の可能性

　カメラにはその感度や識別距離等により精度の限界があります。ステレオカメラの場合、複数のカメラから得られた同じ物体の画像に十分な差（視差）が生じていなければ、立体的に物体を把握することができません。ゆえに、各カメラの間に一定の距離（基線長）があることが必要ですが、自動車に設置する際にはその造形上の理由から基線長を長く取れないことが多いです。また、複数のカメラから得られた画像には視差があるわけですので、それぞれに映っている物体が「同じ物体である」と識別すること自体容易なことではありません。各画像情報の被写体から特徴的な部分を切り取って、それらの特徴の一致を確認して初めて「違う角度から見た同じ物体」と識別することになります。したがって、特徴が少ない壁などの物体を正確に立体視することは難しいということになります。

　(2)　物体の位置・形状の検知

　　(ア)　遠赤外線カメラ

① 検知情報の記録媒体

　なし

②　検知の方法

　可視光カメラでの視覚情報では、夜間の暗闇や逆光などにより正確に物体の位置や形状を検知できないことがあります。そこで、物体が発熱によって波長8〜12μmの電磁波（遠赤外線）を放射し、その温度によって放射する電磁波の波長が異なるという性質に着目して、この遠赤外線を検知し、波長に比例して濃淡を付けた画像にすることで熱を発する物体の位置・形状を検知する技術が用いられています。

【可視光カメラの画像】　　　　　　【遠赤外線カメラの画像】

（出典：二宮芳樹ほか編著『モビリティイノベーションシリーズ⑤自動運転』38頁（コロナ社、2021））

③　誤差の可能性

　遠赤外線カメラは、画像化される技術ではありますが、熱源を検知するものですので、物体の外形を明確に把握することは難しく、解像度は可視光カメラには劣ります。

　　（イ）　LiDAR（ライダ）

①　検知情報の記録媒体

　なし

②　検知の方法

　LiDARとは、レーザー光（多くは波長1μm程度の近赤外線）をスキャンしながら物体に照射し、その散乱や反射光を観測することで物体までの距離と反射率を同時に計測できるセンサーです。レーザー光を全周照射することで、車両を中心とする約150m周囲を3Dスキャンするようなイメージです。LiDARから得られる生データは点群と呼ばれる多数の3次元座標の集まりで表現されます。LiDARはDMP社がHDマップを作成するために計測車両に搭載しているMMSの主要なセンサーです。

（出典：二宮芳樹ほか編著『モビリティイノベーションシリーズ⑤自動運転』39頁（コロナ社、2021））

③　誤差の可能性

　　LiDARは、レーザーの反射を集光するセンサーですので、反射を十分に集光できない場合、例えば、赤外線を吸収したり、透過又は鏡面反射・乱反射させる物体にレーザー照射した場合には、計測が欠落してしまいます。赤外線を吸収する物体としては頭髪や車の黒い塗装、赤外線を透過させる物体としては車両や建物のガラス、赤外線を鏡面反射させる物体としてはカーブミラーや雨天時の遠方の路面、赤外線を乱反射させる物体としては濃霧や路面のキャッツアイなどが考えられます（二宮舜ほか「LiDARの計測欠落の補完」ファジィシステムシンポジウム講演論文集34（2018））。

　　（ウ）　RADAR（ミリ波／準ミリ波レーダー）

①　検知情報の記録媒体

　　なし

②　検知の方法

　　3μm以下（波長0.1mm以上）の電磁波を電波といいますが、電波には、送信された後、物体に当たって反射した場合、送信者とその物体との相対速度によって反射波の周波数が変化する性質があります（＝ドップラー効果）。RADARは、この電波の性質を生かして、一定周波数の電波を送信し、反射波を受信することでその周波数差から物体との相対速度を検知します。また、これと同時に、送信波の周波数を時間とともに変化するよう設定することで、受信した反射波がいつ送信された電波のものか識別し、送受信の時間差を計測して、物体との距離も算出します（二宮舜ほか「LiDARの計測欠落の補完」ファジィシステムシンポジウム講演論文集34・68頁以下（2018））。

電波の周波数は、下図のとおり、波長によって名称分けされています。

波長	1m		10cm		1cm		1mm		0.1mm
周波数	300MHz		3GHz		30GHz		300GHz		3THz
名称		極超短波		マイクロ波		ミリ波		サブミリ波	

　そして、国際的な取決めにより利用できる周波数帯が管理されており、RADAR
に実用化されている周波数帯は、24、26GHz（ミリ波に近いマイクロ波（準ミリ波））
又は60、76〜79GHz（ミリ波）となっています。電波には雨や霧などを透過でき、天
候による影響を受けにくいという特徴があり、金属等の電気をよく通す物体（導体）
で強く反射する性質があるため、車間距離や接近してくる車両を検知するのに有用
といえます。

③　誤差の可能性

　RADARは、その識別能力を上げるために、特に車両前方に取り付けられるもの
については、送信する電波ビームの幅が狭く設定されています。すると、RADAR
の取付けやその後の変形等によって、送信方向と車両進行方向とにずれが生じると、
検知情報に誤差が生じてしまう可能性があります（黒田浩司ほか「自動車用ミリ波レーダ
におけるエイミング誤差の推定」電気学会論文誌D（産業応用部門誌）125巻3号286頁以下（2005））。

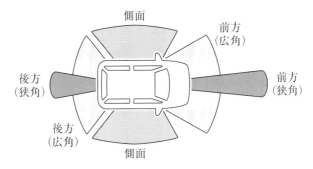

　　（エ）　超音波ソナー

①　検知情報の記録媒体

　　なし

②　検知の方法

　人の聴覚は、約20kHZまでの音しか聞き取れず、それ以上高い周波数の音は超音
波と呼ばれます。車両から超音波を発生させると、音速で空間内を伝搬し、物体に
当たると反射して戻ってきます。この反射波を受信することで車両と物体の間を往
復するのに要した時間が分かりますので、この時間と音速によって物体までの距離

を算出することができます。超音波は、電波の反射率の低いガラスや木材等の電気を通さない物体（絶縁体）でも反射するため、様々な障害物の存在とその距離を検知するのに有用といえます。なお、超音波にも電波と同じくドップラー効果はありますが、電波は光と同様に電磁波ですので、その速度が光速と同じ約30万km/秒であるのに対し、音速は約340m/秒と反射から受信までのタイムラグが長く、RADARのように物体との相対速度を計測することはできません。

③　誤差の可能性

　音波は、光や電波に比べて周波数が低いという特徴があります。そのため物体に当たったとき、反射と同時に物体の背後等に回り込んでしまう効果（回折効果）が高いため、近接する2個の物体を、それぞれ独立した2個として見分ける能力（空間分解能）が低いという欠点があります。

3　車内環境を検知するための技術

　（1）　運転者の状態の検知（ドライバーステータスモニター）

① 　検知情報の記録媒体

　モニター内臓記録媒体又は専用クラウドストレージ

② 　検知の方法

　運転者の顔をモニターすることによって、取得できる運転者状態情報は、主に顔位置、視線と覚醒度です。すなわち、遠赤外線カメラによって運転席上部付近を撮像し、特徴抽出の画像認識技術により運転者の顔の位置や向きを認知します。また、近赤外線を照射して角膜で反射される光源像を撮像し、目頭や目尻の位置を特徴抽出の方法で特定することで、それらの中にある瞳孔の位置を推定して、視線を認知します。さらに、瞬きの頻度や目を閉じる時間を計測したり、赤外線アレイセンサー（遠赤外線カメラ同様、物体から放射される遠赤外線を検知して温度を計測する技術）で顔面温度を計測したりすることで、運転者の覚醒度を認知します。これらの検知及び認知を一つのモニター装置で行うのが、ドライバーステータスモニターです。

③ 　誤差の可能性

　遠赤外線カメラの誤差の可能性については上述したとおりですが、特徴抽出の方法での顔位置や目頭・目尻の位置を認知する上では、その精度が抽出する特徴量に影響を受け、AIによるマッチング成功率によっても変化するので、ここでも誤差が生じるリスクは少なからず考えられます。

　(2)　運転者の体格・姿勢の検知（着座センサー）

① 検知情報の記録媒体

　イベントデータレコーダー

② 検知の方法

　座面及びシートバック内に感圧電極を多点設け、各点の電極から発せられる圧力信号の変化からシート座席利用者の体格や着座姿勢、チャイルドシートの有無等を検知することができます（海津雅洋ほか「車載シート内蔵ハイブリットデバイス」フジクラ技報131号11頁以下（2018））。

③ 誤差の可能性

　着座センサーの精度は、シート内に設置された感圧電極の量と取付位置の妥当性によって左右されます。技術的に取付け可能な量及び位置では、座席利用者が大人か子供かという識別には足りても、多様な人体の姿勢を高精度で検知するには限界があります。

　(3)　運転者のハンズオン／ハンズオフの検知（ハンドル圧力センサー）

① 検知情報の記録媒体

　イベントデータレコーダー

② 検知の方法

　ハンドル円周やスポーク部分に圧力センサーを多点設け、各点のセンサーの圧力値から、一般的な運転者の手指の把持行動によってかかる圧力値及びその位置との類似性を評価し、ハンドルの把持の有無を検知します（竹内優斗ほか「ハンドルセンサを用いた把持行動と把持圧力計測」第54回自動制御連合講演会　自動制御連合講演会講演論文集206頁以下（2011））。

③ 誤差の可能性

　一般的な運転者の把持行動を基に評価しているため、多様な人の把持姿勢があり得る中で、現実に把持があったかどうかを評価する精度には限界があります。したがって、このセンサーによっても一定の誤差が生じる可能性は十分に考えられます。

　(4)　運転者によるアクセル／ブレーキ操作の検知（ストロークセンサー）

① 検知情報の記録媒体

　イベントデータレコーダー

② 検知の方法

　運転者は、自動車を加減速させようとすると、右足でアクセルペダル又はブレーキペダルを踏み込みます。このとき加速／減速の程度に影響を与える要素は、ペダルの踏込みの量です。各ペダルには、踏込みによるペダルの位置の変化で電位差が

生じる性質を利用して、電圧値を計測するセンサーが組み込まれています。これにより踏込みの量を検知することができます。

③　誤差の可能性

　　ストロークセンサーで、踏込みの量を検知するには、出力する電圧が一定である必要がありますが、高頻度・長期間の使用により、出力電圧が変動してしまうことがあります。これにより誤差が生じてしまう可能性があります。

4　外部検知情報の共有

　以上のように、自動車に搭載されたセンサーにより様々な運転環境の情報が検知されますが、システムによる安全かつ円滑な走行を実現するためには、このような自身で検知できる情報のみでは不十分です。自動運転のために整備された様々なインフラからも情報を受け取ることが有益です。第1章第3で見たように、磁気マーカ等の道路に設置された補助施設、衛星測位システムやダイナミックマップ等からの情報が自動運転に活用されます。

第2　ECUによる認知・予測・判断の技術（脳に代わる技術）

1　電子制御ユニット（ECU）

　自動車には、様々な検知情報を基に、どのように車両を動かすか判断し、それを操作装置に指令を出すコンピューターが設置されています。このコンピューターは、電子制御ユニット（ECU：Electronic Control Unit）と呼ばれています。ECUは制御する操作ごとに存在し、1台の自動車に多い場合には100個以上搭載されています。

【1台の自動車に搭載されている電子制御ユニット（ECU）例】

ボディ系ECU	インフォメーション・パネル制御、シート制御、シートベルト制御、ステアリング・センサ制御、コラム制御、ライト制御、キーレス・エントリ・システム、ドア制御（ロック、パワー・ウィンドウ）、イモビライザ制御、ステアリング・ロック、ミラー制御、エアコン、空気圧センサ（通信モジュール付き）、空気圧センサ
制御系ECU	ブレーキ制御、ABS（アンチロック・ブレーキ・システム）、エア・バッグ制御、プリクラッシュ・セーフティ・システム、ステアリング制御、AT制御、車両姿勢制御
情報系ECU	GPS、ナビゲーション・システム、オーディオ、バック・モニタ

　ECUでは、多くの情報をまとめ、複雑な計算処理が行われますので、家庭用PCにも搭載されているCPU（Central Processing Unit）が搭載されています。CPUは多様な条件付けに従って、連続的に複雑な計算処理を行うのに適したプロセッサです。他方で、システムによって自動車の走行を制御するためには、膨大な検知情報を瞬時に処理して各操作装置に指令を出す必要があります。定型的かつ膨大な計算処理を並列的に行うためには、CPUよりもGPU（Graphics Processing Unit）が適しており、GPUもECU内に搭載されています。GPUは、一般的には3Dグラフィックスなどの画像描写を行う際に活用されますが、その高い計算性能を自動車の走行システムにも活用しようというものです。ECUは人間の脳に代わる装置ですが、人間の脳には、左脳と右脳があり、左脳は文字や言葉を認識し、思考や論理を司る人間的な脳といわれます。他方で、右脳は視覚や聴覚など五感を司る動物的な脳といわれています。ちょうど、CPUが左脳、GPUが右脳というイメージです。

　ECUによる認知・予測・判断結果は、電子信号として操作装置に送られますが、交通事故が発生した際のECUの電子信号を特定し再現することが可能な状態で記録する媒体はありません。この電子信号の内容どおりに操作装置が作動したことを前提に、その作動記録を参照することで、ECUの判断内容を推察することになります。

　以下では、ECUがどのような方法で認知・予測・判断を行っているのか概要を確認します。

2　検知情報に基づく状況の認知

（1）センサーフュージョン

　人間は、五感を用いて周囲の環境を認知します。しかし、視覚や聴覚等の各感覚は検知能力に得意・不得意があり、単体の感覚のみでは周囲の環境を総合的に把握することはできません。本章第1で見たセンサーも同じで、各センサーには検知能力に得意・不得意があります。次の表は、車外環境を検知するためのセンサーの得意・不得意をまとめたものです。

		可視光カメラ		遠赤外線カメラ	LiDAR	RADAR	超音波ソナー
		単眼	ステレオ				
通常性能	色情報	◎	◎	×	×	×	×
	測定可能距離	◎	○	○	○	◎	×
	距離識別	△	○	△	◎	○	△
	方向識別	◎	◎	◎	○	△	△

悪影響下性能	夜間	△	×	○	◎	◎	◎
	雨・霧・雪	×	×	○	△	◎	△
	照明変化	×	×	○	◎	◎	◎

（出典：二宮芳樹ほか編著『モビリティイノベーションシリーズ⑤自動運転』98頁（コロナ社、2021））

　　より信頼性の高い環境情報を認知するためには、各センサーからの検知情報を集約し、得意・不得意を補い合うことが必要です。これをセンサーフュージョンといいます。システムが自動車を走行させるためには、まず自車の位置を正確に認知した上、これから走行し得る航路を認知し、そしてその航路を走行する上で避けなければならない障害物を認知することが必要です。自動車を安全に安定的に走行させるためには、これらのいずれの認知も誤差数十cm程度の精度が要求されますので、センサーフュージョンによる信頼性の高い情報認知技術が用いられています。それぞれどのような方法でこの認知が実践されているのか、具体的に見ていきます。

　(2)　自車位置の認知

　（ア）　高精度地図情報

　　高い精度での自車位置の認知には、あらかじめ道路周辺環境情報や推奨する経路・速度等の情報を蓄積した高精度な地図がECU内に搭載されていることが望ましいです。というのも、あらかじめ搭載された地図情報と各センサーが検知した情報とを照合することにより、自車位置を認知できるようになるからです。このような高精度地図情報を提供するインフラがダイナミックマップ（第1章第3　3）ですが、現状は、DMP社が基盤となるHDマップを自動車専用道路について整備した段階ですので、一般道路については未整備の状態です。そこでDMP社と同様にMMSを用いた高精度地図を作成するほか、衛星写真やドライブレコーダー映像等を基に高精度地図を作成する方法も考案されています（トヨタ自動車株式会社ホームページ「TRI-AD、自動運転用一般道高精度地図生成の実証実験に成功―精度向上に向け、さらなるパートナー連携―」）。

　（イ）　地図上における自車位置の推定

　　まず、GNSS（第1章第3　2）から座標情報を獲得し、これを地図に落とし込む方法が、最も精度の高い自車位置の推定方法です。しかし、GNSSが発する電波信号は、衛星から地表の自動車に届くまでに、大気圏の様々な層を通過しますので、その際に遅延が発生することがあり、少なからず誤差が生じてしまいます。また、自動車の受信機側に電磁雑音があることや周囲の建物などの影響で電波信号が回析・反射すること（マルチパス）によっても誤差が生じる可能性があります。さらに、GNSSの電波信

号は、トンネル等では受信できず、データが欠落してしまいます。ですので、このようなGNSSの誤差やデータ欠落を、センサーフュージョンによって補う必要があります。GNSSを補う自車位置推定技術として、デッドレコニング（自身が走行してきた距離や方位などを使って単独で測位を行う方法）やスキャンマッチングが挙げられます。

　デッドレコニングの方法としては、オドメトリ航法と慣性航法が一般的です。オドメトリ航法とは、車輪の直径×回転数で出発点からの移動距離を計算し、磁気コンパスで検知した方位を考慮して、自車位置を推定する方法です。他方、慣性航法とは、加速度センサーで検知した並進加速度とジャイロセンサーで検知した角速度を積分計算することによって移動距離と回転角を算出し、自車位置を推定する方法です。デッドレコニングでは、地図上の所与の出発点から計算によって自車位置を求めるものですので、欠落を生じにくいですが、センサーの誤差を含んだ数字を用いて計算するので、誤差が累積されて大きくなるおそれがあります。

　そこで、更に誤差を最小化する技術として、走行中にLiDARやカメラから得られる車両周囲のスキャンデータを、あらかじめ搭載された地図情報と重ねることによって、地図情報内における自車の位置や向きを算出する方法が考案されました。これをスキャンマッチングといいます。この方法ではスキャンデータと地図情報とを重ねる際、それぞれを構成する点群データの中で対応する点同士を照合させていきますので、形状特徴の豊富な都市部では対応点の照合が容易なため、高精度の位置推定が可能です。一方で、平地等の形状特徴の乏しい場所ではこの照合が不可能となってしまう難点があります。

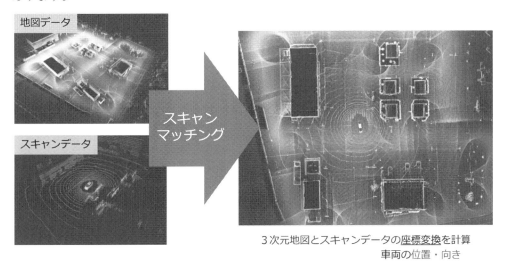

3次元地図とスキャンデータの座標変換を計算
車両の位置・向き

（出典：株式会社ティアフォー）

　以上の三つの技術が、得意・不得意を相互に補い合うことで、地図上における自車位置及び向きを小さな誤差で推定することが可能になります。

　　（ウ）　SLAM（Simultaneous Localization And Mapping）

　これまでは、地図の正確性を前提に、その上で自車をどの位置に置くべきかを求める方法を考えてきましたが、あらかじめ搭載されている地図が必ずしも最新の状態とは限りません。町は日々変化しますので、地図情報と実際の走行環境とは異なっていることがあります。そこで、地図の更新と自車位置の推定を同時に行うSLAMと呼ばれる技術が採用されています。

　人が知らない場所を歩く際には、まずは、自分がどっちに向いて歩いているかを把握した上で、歩幅で距離を測りながら、周囲を見渡して頭の中で仮の地図を作っていきます。そして、見たことのある場所にたどり着いたとき、頭の中で作ってきた仮の地図を補正すると同時に、自身の現在地も把握できます。SLAMはこれと同じことを行う技術です。すなわち、まず車速センサー、加速度センサー、ジャイロセンサー、磁気コンパス等の検知情報から、位置、速度、姿勢、方位等を推定します。その上で、可視光カメラやLiDARが車両周囲の状況をスキャンし、基準となる静止物を特定したら、時刻間でその静止物の見え方の違いを地図を基に計算によって推測します。そして、各時刻で取得されたスキャン結果を比較して推測値と照合します。これにより地図情報の正確性を検証し、補正することができます。また、補正した地図を用いてスキャンマッチングを行うことで自車位置を推定します。

　このように、システムが自動車を走行させる場合、高精度な地図情報を前提に、必要に応じてこれを補正しながら、センサーフュージョンにより自車位置を小さい誤差で認知する技術が用いられています。

　　（3）　走行環境（航路）の認知

　　（ア）　地図上の地物・経路情報

　自車位置の推定のためにあらかじめ搭載された地図情報は、MMSの技術により収集された点群地図から図化された白線・黄線、縁石、停止線、標識・看板に代表される物理的な道路地物情報や、推奨経路などの論理的な情報を、絶対位置情報と共にデータベース化したものであることが多いです。基本的には、自車位置の推定ができれば、この地図情報から航路も認知することができます。ただし、上述のように地図情報は最新のものとは限りません。センサーフュージョンによって情報を補うことが必要です。

　　（イ）　磁気マーカー

　道路にマーカーを埋め込み、これを自動車のセンサーで検知できるようにしていれ

ば、極めて簡単に航路を認知することができます。マーカーに永久磁石を使用し、磁気センサーで検知できるようにしたのが、磁気マーカーです。磁石を利用した技術ですので、路上のマンホールや並走するトラックの金属に影響を受け、誤差が生じてしまいます。そこで、マーカーの磁力を、周囲の金属を引き寄せることができない程まで大幅に低く設定し、センサーに微弱な磁界を検知可能なMI（Magneto-Impedance）技術を使用することによって、微弱なマーカー信号のみ検知し周辺の環境磁気ノイズの影響を受けないセンサー技術が開発されました。

　磁気マーカーは、運行補助施設（道路2②五）であり、その設置には占用許可が必要です（道路32①三）。また、都道府県又は市町村が、これを設置する際には、設置に要する費用の一部を国から無利子で借り受けることができるとされています（道整特措5①）。財源の制約から磁気マーカーの設置が可能となる地域は限定的なものとならざるを得ませんが、このような支援制度もありますので、地域の路線バス運行ルート等で活用されることが見込まれます。

　　（ウ）　車線区分線識別技術

　地図情報に基づく航路認知は、正確な自車位置の認知を前提としているので、そこに誤差が生じてしまう可能性がある以上、常に正確な航路認知ができるわけではありません。磁気マーカーによる航路認知も上述したように財源の制約から設置地域は限定的です。一方で、既に広く実装されているレーンキープアシスト（運転自動化レベル1）システムにおいても、トラフィックジャムパイロット（運転自動化レベル3）においても、航路の認知、特に車線の認知は高い精度で行われることが必要不可欠です。そこで、上記の技術に加えて、①可視光カメラの撮像した画像から車線区分線を識別する技術、②LiDARのレーザー光を利用して車線区分線を識別する技術が活用されています。それぞれについて概要を確認します。

① 　可視光カメラによる車線区分線識別技術

　　可視光カメラは、各物体が反射している光の色や強さを検知して、運転者の視覚と同様の画像情報を撮像するセンサーです。反射される光の強さは物体ごとに異なり、撮像した画像の中で反射光の強さが変化する境界線（エッジ）を抽出することで、画像内に映った物体の形状を識別することが可能になります。人の視覚にもこのエッジ抽出を行う神経細胞があることが発見されています。可視光カメラによって前方又は車両側面直下を撮像した画像から直線的なエッジを抽出して車線区分線を識別することができます。

　　ただし、この技術は、可視光カメラの撮像画像を基に行うため、夜間、悪天候時や影に入った時においてはヘッドライトによって明るさを確保するしかなく、エッ

ジ抽出が十分に行えない可能性があります。また、車線区分線は前方の視界に対して常に直線を構成しているとは限りません。カーブ走行中などは車線区分線とアスファルトのエッジは大きく歪んでいます。ですので、どのようなエッジを車線区分線と認識するかという所与の指令の正確性が精度に影響すると考えられます。

② LiDARによる車線区分線識別技術

　車線区分線には、夜間の運転者からの視認性を向上するために、表面に小さなガラス粉（ガラスビーズ）を塗布しています。このことに道路にレーザー光を照射するとアスファルトと車線区分線とでは反射強度が全く異なります。この性質を利用し、LiDARで車両前方をスキャンすることによって車線区分線を識別することができます。

　ただし、車線区分線に塗布されたガラスビーズは、路面を通行する車両のタイヤによる摩耗によって、一定期間経過すると剥がれて消えてしまいます。そして、ガラスビーズ塗布の補正は、財源上の制約から、そう高頻度で行われるわけではありませんので、LiDARによって車線区分線が検知できない場合は、特に一般道で高確率で発生すると考えられます。

　（4）　走行環境（障害物）の認知

　　（ア）　障害物の形状・距離・動きの認知

プリクラッシュブレーキ（運転自動化レベル1）や誤発進抑制ブレーキ（運転自動化レベル1）においては、自車の進路上にある障害物がどの程度の大きさで、自車とどの程度離れた場所にあり、どの程度の速度でどちらに向かって動いているかが重要です。これらの情報は、可視光カメラの撮像した画像からのエッジ抽出やオプティカルフロー（連続した画像の比較によって得られる物体の移動量と方向の認知）、LiDARによる周囲環境のスキャン、RADARによる周囲の障害物との距離及び相対速度の計測、超音波ソナーによる周囲の障害物との距離の計測等により認知することができますが、それぞれのセンサーに得意・不得意があるのは、上記(1)の表のとおりです。実装段階では、センサーフュージョンにより各センサーの不得意を補い合って、認知の精度を上げる試みがなされています。

　　（イ）　その障害物が「何」であるかの識別

　次に、認知した障害物が「何」であるかが大事な意味を持ちます。障害物が人や動物であれば、その動きは不規則ですし、停止していても動き出します。また、障害物が車であれば、基本的には道路上を走行しますが、その運転は人が行っていますので、常に規則的な動きをするとは限りません。これらのほか、その物によって特有の動きを持っていますので、必ずしも重力や慣性の法則に従って移動するとは限りません。

このように障害物の動きを予測するためには、その障害物が「何」であるか認知する必要があります。

　人や動物の識別には、遠赤外線カメラが有用です。加えて、より精度の高い物体の識別には、テンプレートマッチングという方法が採用されています。これは、可視光カメラによるエッジ情報や色情報の検知及びLiDARによる立体的特徴把握を行い、当該障害物の特徴を抽出した上で、あらかじめ記録されたテンプレートデータ集（データセット）と照合することで当該障害物が「何」であるか認知する技術です。ただ、障害物は自車に向かって常に全身を晒しているわけではありません。むしろ、ほとんどの場合、車載のセンサーからは、その障害物の一部しか捉えることができません。その一部からでもテンプレートマッチングを可能にしなければなりません。ですので、このようなテンプレートマッチングの精度は、抽出する特徴点の数、類似度を導き出す計算式、データセットに含まれるテンプレートのバラエティ等によって影響されます。

　　　（ウ）　歩行者の属性認識

　検知した障害物が歩行者であると判明した場合、その歩行者がどのような動きをするか予測するためには、その歩行者のより詳細な属性認識を行う必要があります。歩行者の行動予測のために必要な属性情報と認識手法の概要は次のとおりです。

① 　年　齢

　　人は年齢によって、行動判断や行動速度等が変化しますので、歩行者の動きを予測する上で、その年齢は重要な考慮要素になります。そして、この認識には、顔や全身の画像からテンプレートマッチングを行う手法、歩き方の特徴把握によって推定する手法や身長から推定する手法等が用いられます。

② 　関節位置

　　人は各関節を稼働させて身体を動かすのですから、関節がどの位置にあるかは、歩行者の動きを予測する上で、重要な考慮要素です。この認識には、服装から大まかな位置を推定する手法やAIにより画像から人体の各関節位置を高精度に抽出する手法等が用いられています。

③ 　所持品

　　歩行者が手押し車やキャリーバッグを所持していれば、その進路は制約されますし、傘を所持していれば、周囲への注意力が影響を受けます。また、歩きスマホは周囲への注意がおろそかになり、交通事故に遭ってしまう危険性が高くなります。このように所持品もその類型によっては、歩行者の行動を予測する上で、重要な考慮要素となります。所持品の認識は、所持品自体のテンプレートマッチングによる

手法や歩行者の姿勢に着目して特定の所持品を有している歩行者として推定する手法等が考えられています。

④　顔や体の向き

　　人の移動方向と顔・体の向きには通常相関関係があるので、歩行者の行動を予測する上で、顔・体の向きも重要な考慮要素です。この認識には、人であることを識別した際に用いたテンプレートの角度差から推定する手法やAIにより画像から顔・体の向きを高精度に推定する手法等が考案されています。また、顔の向きと体の向きは近い方向である確率が高いので、両者の向きを同時に推定することで互いの推定結果を補正し合い、精度の向上が図られています。

⑤　歩　容

　　人は歩く速度によって歩容（歩行時の姿勢や歩幅、足の動かし方等）に変化が見られますし、酒酔いの状態であれば、それが歩容に現れます。このように歩行者の状態や行動を把握する上で、歩容は重要な考慮要素です。歩容の認識には、歩行者のシルエットの時間的変化を時刻間の撮像画像から推定する手法が用いられています。

⑥　アイコンタクト

　　道路端に歩行者を発見した際、自動車の運転者は停止し、歩行者の目を見ます。歩行者も自身の前で停止した自動車の運転者の目を見て、こちらを見ているか確認してから、道路の横断を始めます。ここでは運転者と歩行者との間で横断することについてアイコンタクトで意思疎通をしています。運転する際、このアイコンタクトは非情に重要です。歩行者の視線の認知が必要ですので、ドライバーステータスモニターと同様、瞳孔の位置を推定する技術が使われますが、車載の可視光カメラで離れた歩行者の目の動きを正確に検知できる精度を保つのは困難です。また、アイコンタクトは意思疎通なので、自動車の側からも反応を返さなければなりません。これも難しい問題です。

3　認知情報に基づく事故リスクの予測

(1)　顕在リスクと潜在リスク

　人は自動車を運転する際、過去のあらゆる経験から交通事故発生のリスクを予測して、事故の発生を回避することによって、交通の安全を保っています。システムによって自動車を走行させる際にも、同じようにリスクを評価することが必要です。交通事故発生のリスクには、顕在化しているリスクと潜在的なリスクとがあります。まず、

それぞれの概要を確認した上で、リスクの評価方法を考えます。

　顕在リスクとは、自動車が認知した情報を前提にすれば、事故を発生させる可能性のある要因が既に明らかになっているリスクをいいます。プリクラッシュブレーキの作動状況を例にとれば、先行車が急減速を行い、自車に接近してきている状態においては、先行車は顕在化しているリスク要因といえます。顕在リスクは認知情報からリスクを計算して数値化することが可能ですので、システムによる車両制御の判断に結びつけやすいです。上述の例でいえば、自車と先行車との車間距離を双方車両の速度差で除することで、衝突までの猶予時間が計算できますので、その間に停止できるように減速させる指令を出すということになります。

　潜在リスクは、リスク要因が顕在化してはいないが、顕在化する可能性があり、顕在化した際には事故発生の回避が困難となるようなリスクです。運転者には、「かもしれない」運転が求められているといわれますが、システムによる自動車の走行においても同様のリスク評価の下、それに対応した車両制御が求められます。上述のプリクラッシュブレーキの例でいえば、先行車の急減速が発生し得る可能性や急減速する場合の加速度などを事前に予測しておくことで、実際に急減速した場合にも安全を確保できるよう、車間距離や速度を調節しておくというような対応が、潜在リスクの予測に基づく車両制御といえます。こちらは実際には認知していないリスク要因をシステム側が予見しなければなりませんので、潜在リスクを評価するためには、あらかじめ潜在リスク要因のモデルを設計しておく必要があります。安全な自動車の走行のためには漏れのないモデル設計が求められますが、逆に過大に設計すると、自動車を不要な減速・操舵をしてしまい、搭乗者の受容性を低下させるとともに、周辺の円滑な交通を阻害することにもなってしまいます。

　　（2）　リスク評価方法

　まず、最も簡易なリスク評価方法は、リスク要因のモデル全てを幾何学や物理法則などの式と特定の変数として定めておく方法です。特定の事象を所与の式に代入すれば、目標とすべき走行態様が算出されるというものですので、評価の原理や規則性が明確です。したがって、どのようなリスク評価を行ったかの理解も容易です。

　しかし、人が自動車を運転する際には、予見可能なリスク全てに対して、回避行動をとっているわけではありません。他車が基本的には交通規則を大きく外れない態様で走行するものであることを信頼して、顕在化するおそれの極めて低いリスクは無視します。システムにもこれと同様のリスク評価を設計する場合には、リスク要因のモデルごとに顕在化の確率を考慮した指標を含めることになります。ただ、この設計に

は大きなコストがかかってしまうという欠点のほか、許容するリスクを定めるという
側面があるため、そのリスクが顕在化して事故が発生してしまった場合、採用した指
標の妥当性が争いになる可能性があります。

　そこで、潜在リスクを人工的な関数により簡略化して表現する方法が考案されてい
ます。すなわち、交通事故とは要は障害物に接触することですので、その障害物への
接近に伴い、事故のリスクは上昇していきます。これを障害物を中心とする磁場のよ
うな「ポテンシャル場」に見立てて関数として定式化するというものです。この方法
にはリスク表現に用いる関数の選定に柔軟性があり、コストを低減できるメリットが
あり、現在の運転支援システムで広く用いられています。ただし、関数を設計する際、
リスクポテンシャルを表すパラメータは設計者によって主観的に与えられますので、
事故が発生してしまった場合、このパラメータの妥当性が争いになる可能性がありま
す。現在は、このパラメータを事故発生確率など客観的な指標等を用いて生成する方
法も考えられています。

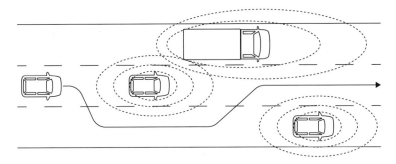

　以上とは別に、あらかじめ物理則や関数を与えずに、検知情報から運転行動を直接
的にAIによって導き出す方法なども考案されています。潜在リスクの評価方法は今
まさに最先端の研究が進められている分野といえます。

4　認知・予測情報に対応する車両制御の判断

　自動車に乗って、出発地から目的地まで移動するには、マクロな視点で最適な走行
路線を探索し、その走行路線を自動車が進むために経路上で行うべき右左折や車線選
択などの運転行動を判断して、出発地から目的地までの理想経路が決まります。そし
て、理想経路上を実際に走らせるために、自車位置や走行環境をリアルタイムで把握
し、速度や車線内の走行位置など自動車が辿るべき最適な目標軌跡をミクロな視点で
生成します。ここまでで自動車の必要な動作が決まった状態です。最後に、その動作
を実践するための指令信号を各操作装置に発信します。

　ECU内で行われる判断機能は、概略すると上記のような過程を辿ります。そして、各過程の判断は、認知した情報及び認知情報から予測した結果を前提として行われます。どのような技術が用いられているか各過程を概観します。

　　(1)　走行路線の探索（マクロな視点での最適経路）

　　　(ア)　探索条件

　最適な走行路線を絞り込むためには、「最適」とは何かという条件付けをする必要があります。「最適」な路線とは次の四つに代表される移動コストが最小化される路線と考えられています。

① 経済的コスト

　　燃料消費、タイヤ消耗、道路利用料等がマクロな視点での経済的コストです。このうち前二者は基本的には移動距離に比例しているといえます。

② 時間的コスト

　　制限速度で通行するのにかかる時間、渋滞、交通規制等がマクロな視点での時間的コストです。従来の人による運転の場合には、時間的コストは運転者の負荷と直結していますが、システムによる運転、例えばトラフィックジャムパイロットは、渋滞中にシステムによって自動車を走行させるもので、その間運転者の周辺環境注視義務が免除されているので、必ずしも時間的コストが運転者への負荷と直結していない関係になります。運転の自動化レベルが上がるごとにこの乖離は顕著になります。

③ 事故のリスク

　　ここでの事故リスクは、上記3で検討した事故リスクとは異なり、統計データとしての事故リスクです。すなわち、狭路を通行して事故を発生させないように幹線道路を優先するように路線を選択したり、交差点における右折を避けるような路線を選択したりすることが挙げられます。

④ 運転者への負荷

　　従来の人による運転の場合には、渋滞や複雑な路線を運転することによる精神的負荷の比重が高いですが、システムによる運転の場合には、搭乗者の身体にかかる荷重が不快ではないかなどの身体的負荷を考慮に入れる必要もあります。

　　　(イ)　ダイクストラ法による探索

　上記のコストのうち、走行路線の探索において、より重視されるのは、経済的コストと時間的コストです。従来より走行路線の探索に活用されてきたカーナビゲーションシステムでは、ダイクストラ法と呼ばれる、ノード（参照点）とリンク（ノード間

を結ぶ直線）とで構成されたグラフ上の2点間の最短経路を求めるためのアルゴリズムを採用しています。

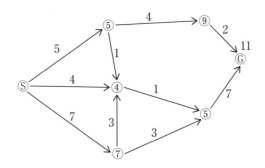

　ダイクストラ法は、自動車に搭載された地図情報上で、まず出発地から直接向かうことのできる交差点にノードを置き、その距離を計算します。最も距離の短いノードまでの距離以外は、計算結果を破棄します。次に、当該最短距離のノードから直接向かうことのできる交差点にさらにノードを置き、各ノードとの距離（リンクの長さ）を計算します。そして、このうち最も距離の短いノードまでの距離以外はまた計算結果を破棄します。このような方法を繰り返し、目的地まで至ったときに、最短経路が判明しているということになります。さらに、距離のみならず、特定のノード間のリンクに渋滞や有料道路等の条件付けを少し与えて、上記四つのコストを考慮した路線探索を行うこともできます。

　ダイクストラ法による路線探索は、いわば計算によるもので理詰めの方法といえますが、このほかAIによる探索方法も考案されています。路先探索方法にダイクストラ法が採用されていることは多いですが、各車両によっていかなる方法が用いられているかは確認する必要があります。ただ、この路線探索の判断過程が、交通事故の責任関係を考える際に影響することはあまり考えられないでしょう。

　(2)　運転行動の判断

　路線上における具体的な運転行動の判断には、設計段階で「こういう場合はこう運転する」とあらかじめ定義したルールを記述しておき、これにのっとった運転行動を選択するという決定論的な方法が用いられています。ただ、この方法では多様かつ複雑な実環境全てに対応しきるルール記述が難しいという点と道交法などの交通法規からルール記述を行う際、「適切な」などのあいまいな表現で規定されている法規をルール化するのが難しいという点に課題があります。これらの課題解決に向けてAIによる方法や記述されたルールから最適な行動を推論する方法などが検討されているところです。

　(3)　目標軌跡の生成（ミクロな視点での最適経路）

　(ア)　生成条件

　最適な軌跡を絞り込むためには、ここでも「最適」とは何かという条件付けをする必要があります。「最適」な軌跡とは次の四つに代表される移動コストが最小化される軌跡と考えられています。

① 経済的コスト

　ここでの経済的コストには、燃費消費を増大させるような急制動や急減速、逆にこれを低減させるようなアクセル開度を一定に保った運転等が指標として挙げられます。マクロな視点で最適経路を考える場合とは異なり、ミクロな視点で最適経路を考える場合には、経済的コストの条件は重要度は相対的に低くなります。

② 時間的コスト

　走行速度や通行位置の選択の上で、ロスをしないという意味では、時間的コストも経路選択上の条件とはいえますが、経済的コストと同様に、ミクロな視点で最適経路を考える場合には、選択する経路によって大きく影響をうける指標ではありませんので、重要度は低いといえます。

③ 事故のリスク

　上記3で見たように、事故のリスクには顕在リスクと潜在リスクがあり、潜在リスクの評価には様々な方法が考案されています。いまだ従来運転者が行ってきたような精度でのリスク評価をあらゆる運転環境で実現する技術は確立されていません。ただし、目標軌跡の生成において、この指標は最も重要なものですので、自動運転がどのような運転環境で可能となるかは、この分野における今後の研究の成果が大きく影響すると考えられます。

④ 運転者への負荷

　システムによる運転の場合には、自動車の挙動が運転者の意思から離れて決定されるため、人による運転の場合に比べて、急減速・急制動・急ハンドルに対する搭乗者の予見レベルが低くなります。したがって、自動車の選択する軌跡によって搭乗者の身体にどのような負荷をかけるかという指標は車内事故を防ぐためにも重要な指標となります。

　(イ)　クロソイド曲線による生成

　クロソイド曲線とは、ハンドルを一定の速度で回転させたときの理想的な車両の走行軌跡形状を表す曲線をいいます。このクロソイド曲線を用いて、自車の前方に複数の走行可能な軌跡を生成し、その中から最適な軌跡を選択することで目標軌跡とする方法が用いられています。

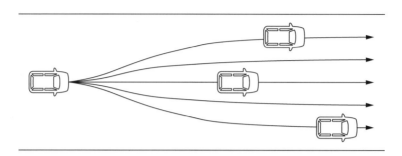

　複数の軌跡を生成してその中から選択する方法には、候補の生成にクロソイド曲線のほか、経路上に定めた複数の目標点を通過するような円弧を利用する方法もあります。さらに、物理的実現を評価関数に組み込んだり、搭乗者への負担をコスト関数として記述する方法も考案されています。

　交通事故が発生した場合、この過程における判断内容が当該事故発生に関する車両の動静に大きく影響したはずですので、システムの欠陥の有無を検討する上で、この過程においてどのような判断方法を採用していたか、その方法自体に瑕疵はなかったか、その判断方法が予定されていたとおりに正常に機能していたかという点は確認を要するところです。

　(4)　目標軌跡を追従させるための制御

　目標軌跡が決まれば、それを実践するために各操作装置ごとに、適時適切な指令信号を出さなければなりません。それぞれの装置にどのような制御指令を出せば、自動車全体の走行態様として、目標軌跡を追従し、かつ人による運転と同様に安定的で安全な走行となるのか、多様な運転環境の中でこれを瞬時にシステムに判断させるのはとても難しい問題で、従来ロボット開発の分野で研究されてきました。ここでは、最も簡易なロボットカーであるライントレーサーを例に取り、基礎的な制御方法であるPID制御について確認した上で、PID制御がそのまま自動車に用いることのできない理由とその解決方法の研究状況を見ていきます。

　(ア)　PID制御

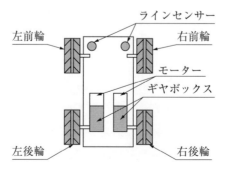

ライントレーサーは上図のような構造を有する簡易なロボットカーで、家庭用の自

由研究キットとしても市販されています。平面上に引かれたラインを検知してシステムが自らそのライン上を追従するよう制御するもので、自動車の運転支援システムの中では、レーンキープアシスト（運転自動化レベル1）における操舵角の制御に似ています。制御の判断構造は大変シンプルで次の4パターンです。

ライン検知	目標軌跡	制御判断
左右センサーともライン検知 （認知：直線ライン）	直進	左右両方のモーターを回転させる。
右センサーのみラインを検知 （認知：右カーブのライン）	右折	右モーターを停止させ、左モーターのみ回転させる。
左センサーのみラインを検知 （認知：左カーブのライン）	左折	左モーターを停止させ、右モーターのみ回転させる。
両センサーともライン不検知 （認知：ライン上からの離脱）	ライン上への復帰	最後にライン上にいた方のモーターを停止させ、反対側のモーターを回転させる。

　このようにライントレーサーは、目標軌跡と車両位置との誤差に比例させて、モーターのオンオフを判断することによって、走行態様を制御しています。ただし、このように単純に比例制御のみ行っていては、装置構造の非対称等が原因で生じるセンサーの誤差の影響を受け続けてしまい、定常的な誤差が残ります。そこで、この誤差を修正するためには、計測した誤差を時間で積分した値を制御指令の計算の際にフィードバックする処理が行われます。さらに、目標軌跡追従性の精度を上げるためには、実際に誤差を計測した時点からこの積分値を計算に反映させるまでのタイムラグをも考慮に入れることが望ましいです。そこで、計測した誤差を時間で微分した値も制御指令の計算の際にフィードバックします。

　以上のように、比例制御（Proportional Control）に、積分（Integral）フィードバクと微分（Differential）フィードバックの考慮を加えた制御方法をPID制御（Proportional-Integral-Differential Controller）と呼んでおり、目標軌跡追従のための基礎的な制御方法です。

　　（イ）　車両内部状態の考慮必要性（状態フィードバック制御とその限界）

　PID制御はとてもシンプルで、かつ全てあらかじめ記述された数式に基づく処理ですので、処理方法も明確です。ゆえに、目標軌跡を追従させるために有用な制御方法といえます。しかし、この制御方法をそのまま自動車に用いることはできません。というのも、自動車は人や物を乗せて移動することを用途としているからです。ライントレーサーの例で考えてみると、PID制御によって瞬間的には誤差を修正し目標軌跡

上に自動車が位置したとしても、その際の自動車の前後軸が目標軌跡に沿っていなければ再び目標軌跡から逸脱してしまうことは容易に想像できます。したがって、PID制御のみによる目標軌跡の追従は、この繰り返しによって左右に小刻みに揺れながら走行することになってしまいます。これでは搭乗者や積載物の姿勢の安定性が保てず、乗り物として用を成しません。横方向の制御と同様に、縦方向のアクセル・ブレーキ制御についてもPID制御を用いることは観念できますが、縦方向の制御においてもPID制御のみによっては、縦方向の小刻みな揺れ、つまり急な加減速の繰り返しが生じてしまい、搭乗者や積載物の姿勢の安定性を保つことができません。

　このように自動車が「乗り物」であるがゆえに、車両内部の状態も考慮に入れて、制御方法を考える必要があります。そこで、誤差に対する時間積分・微分のみをフィードバック考慮するPID制御とは異なり、車両内部の状態を総合的に表す変数を複数設定して、その状態変数をもフィードバック考慮に入れて制御指令を計算する方法が考案されました（状態フィードバック制御）。この状態フィードバック制御は、数多くの条件を同時に満たすことのできる制御が可能であり、とても有効な制御方法です。

　ただし、状態フィードバック制御は、高度で複雑な計算を要する上、計算の基礎とするための状態変数を全て検知・認知しなければなりませんが、実際の走行中には直接検知できない場合があります。そのような場合には、あらかじめECU内に記述された物理又は数理モデルに、直前の検知情報を当てはめて、内部状態を予測し、その予測を基にフィードバックを考慮する方法が研究されています（モデル予測制御）。

　以上のように、状態フィードバック制御をモデル予測制御で補うことによって、多様な運転環境に応じて目標軌跡を安定的に追従させることが可能となります。ただ、このような方法による制御の欠点は、制御指令を計算するために、変数を用いたルールが、確立した数式としてあらかじめ記述されていることが前提であることです。人は自動車を運転する際、目の前の運転環境に対して、自身の経験からは明確に正しい運転方法が分からずとも、漠然とした一般的なルールに基づいて運転動作を試みて、その結果を経験することで学習し、更に上手く自車を制御することができるようになります。システムを設計し、ECUに変数を設定したり、数式を記述したりするのも人ですので、必ずしも全ての運転環境に対する制御方法を数式化できるとは限りません。このような曖昧なモデルしかない場合の制御方法として、確率論的に運転環境を認知した上で、曖昧さを含んだまま論理演算を行う方法（ファジー制御）やAIによってシステム自ら数式やモデルを生成する方法が研究されています。

5　自動運転のOS

　家庭用PCでは、PC全体を統括して制御するソフトウエア（OS：Operating System）が搭載されています（例：Windows、Mackintosch）。自動運転においても、ECU全体を統括して制御するOSが必要です。各車両メーカーにおいて独自のOSが開発されていますが、世界で唯一オープンソースの完全自動運転向けOSがAutowareです。名古屋大学を中心に開発され、ティアフォーが提供するソフトウエアで、国内外数百社以上の導入実績があります。Autowareは、センサーによる検知情報を基に、各操作装置への指令信号の発信まで、ECU内の認知・予測・判断の過程全てを担います。

第3　アクチュエーターによる操作の技術（手足に代わる技術）

　ECUから出力された指令信号は、各操作装置（アクチュエーター）に伝達され、物理的運動に変換されます。近年、自動車の動力源が多様化しており、特にガソリンや軽油等化石燃料の燃焼により駆動するエンジンを動力源とするエンジン車とバッテリー内に蓄電された電力によって駆動するモーターを動力源とするEV（Electric Vehicle）とでは、運転に係る操作手法が大きく異なりますので、各操作について両者の違いにも意識して検討することにします。

1　横方向操作（ハンドル操作に代わる技術）

① 制御情報の記録媒体

　　イベントデータレコーダー（操舵角又はハンドル角を記録）

② 制御の方法

　　人が自動車を運転する場合、自車の進行方向を変えて曲がらせるためには、ハンドルを回転させて操舵輪（一般的には前輪）に角度を付けます。前進方向に対して操舵輪に与える角度を操舵角といいます。ただ、運転者の力だけで重量の掛かった操舵輪に操舵角を与えるのは、ギア調整による力の増幅があっても容易ではありません。そのため、モーターでこの力をアシストしています。これを電動パワーステアリング（EPS：Electric Power Steering）システムといいます。ですので、運転支援システム又は自動運転システムによる操舵の技術が搭載される以前から、横方向の制御に関しては、システムによる制御が行われていたということになります。運転支援システム又は自動運転システムでは、ECUから出力された操舵角に関する指

令信号に基づいて、モーター制御を行い、横方向の制御を行います。

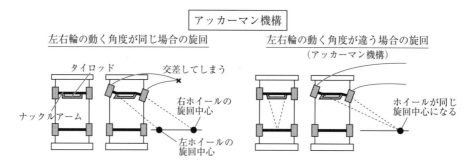

ただし、ここで注意が必要なのは、自動車が曲がる際、必ずしも左右のタイヤが同じ動きをしているわけではないということです。例えば、右折のために右に旋回する場合、左前輪と右前輪の切れ角が同じだと、それぞれのタイヤが旋回する中心点は当然ずれていますので、各タイヤの軌跡は水平とならず、内輪（右タイヤ）の走行距離が外輪（左タイヤ）の走行距離よりも短くなります。ですので、右折する際、内輪である右前輪がスリップすることになります。これを防ぐために、自動車には、通常、アッカーマン機構という補助装置が取り付けられています。また、左右に旋回する際に、外輪が内輪よりも長い距離を走らなければならないのですから、スムーズな車両の旋回を実現するために、このアッカーマン機構に加えて、外輪の回転速度を内輪の回転速度よりも速くするよう調整することになります。EVでは、それぞれのタイヤを駆動させるためのモーターを1個ずつ（1車体に計4個）取り付けることが可能ですので、ECUの指令に基づいて各モーターの回転速度を変化させることによって、この調整ができます。他方で、エンジン車は、1車体に1個しか取り付けることができません。ですので、エンジン車には、エンジンからの駆動力を左右で異なるタイヤ旋回力に変えるためのギア（ディファレンシャルギア）を搭載させなければなりません。

③　誤差の可能性

　　ECUから指令を受けた操舵角に基づいてタイヤの切れ角がとられますが、路面状況によって摩擦の程度が異なるため、実際に車両が旋回した軌跡と操舵角との間には誤差が生じる可能性があります。

2　縦方向加速操作（アクセル操作に代わる技術）

①　制御情報の記録媒体

　　イベントデータレコーダー（エンジン回転数及びエンジンスロットル開度を記録）

② 制御の方法

　人が自動車を運転する場合、自車を加速させるためには、アクセルペダルを踏んでエンジン又はモーターの駆動力を増加させます。システムがこの操作を代わる場合、ECUから出力されたアクセル開度に関する指令信号に基づいてエンジン又はモーターを駆動させることになります。

　EVは、指令信号どおりにモーターを回転させるだけですので、小さい遅延で素早く加速することが可能です。さらに、EVのモーターは完全に停止している0rpm（1分当たり回転数）の状態から18000rpm程度まで高速で回転させることができ、どの回転速度でも出力トルクの効率は一定なので、回転速度に応じたトルクを出力できます。他方で、エンジン車は、空気量や燃料噴射量の調節、燃料への点火を行い、排気ガス量の調整も行う必要がありますので、反応が遅れます。また、エンジンは一般に回転速度が2000〜4000rpm程度までで、回転速度が一定以下になるとエンストを起こし、逆に一定以上になると出力トルクの効率が低下する性質があります。ですので、エンジン車には、走行状況の変化に応じてエンジンを効率よく駆動させるための可変速機構（トランスミッション）を搭載させなければなりません。

③ 誤差の可能性

　ECUから指令を受けたアクセル開度に基づいてエンジン又はモーターが駆動させますが、路面状況によって摩擦の程度が異なるため、実際に車両が加速した程度とアクセル開度やエンジン又はモーターの回転速度との間には誤差が生じる可能性があります。

3　縦方向減速操作（ブレーキ操作に代わる技術）

① 制御情報の記録媒体

　イベントデータレコーダー（ブレーキON/OFF及びABSのON/OFFを記録）

② 制御の方法

　人が自動車を運転する場合、自車を減速させるためには、ブレーキペダルを踏んで摩擦ブレーキを作動させます。人に代わってシステムがこの操作を行う場合、ECUから出力されたブレーキに関する指令信号に基づいてブレーキシステムを作動させることになります。通常、ブレーキ力に比例して、タイヤと路面との摩擦が強くなり、自動車が制動されますが、ブレーキ力が過度に強いと、タイヤがスリップし、回転することができずにロックして路面上を滑ります。この状態を防ぐためにECUがブレーキ力を調整するシステム（ABS：Anti-lock Brake System）が搭載されています。

エンジン車ではブレーキシステムは摩擦ブレーキのみですが、EVでは摩擦ブレーキのほかに回生ブレーキというブレーキシステムがあります。EVのモーターを逆回転させ運動エネルギーを電気に戻すことができます（回生）。モーターをこの回生状態で運転することで制動力を得る仕組みを回生ブレーキといいます。エンジンはこのように逆回転させることはできません。EVは、制動の際、回生ブレーキを使用することで電力を回収することでエネルギー効率を上げ、走行距離を伸ばすことができます。

③　誤差の可能性

ECUから指令を受けたブレーキ開度に基づいてブレーキが作動しますが、路面状況によって摩擦の程度が異なるため、実際に車両が減速した程度とブレーキ開度やブレーキ指令のタイミングとの間には誤差が生じる可能性があります。

4　車両姿勢の安定性維持（VSC：Vehicle Stability Control）

①　制御状態の記録媒体

イベントデータレコーダー（VSCのON/OFFを記録）

②　制御の方法

自動車を走行させるために、目標軌跡に合わせた速度と操舵角を各アクチュエーターが実践することになりますが、縦方向操作と横方向操作とがそれぞれ別個に制御されていては路面との摩擦の関係で結果的に目標軌跡から外れてしまうことがあります。これがオーバーステアとアンダーステアです。

高速のまま旋回すると、後輪の接地摩擦力が遠心力に負けてスリップし、目標軌跡よりも車体が大きく旋回してしまいます。これをオーバーステアといいます。オーバーステアは極端になると車体がスピンします。一方、旋回中に加速すると、前輪がスリップし、目標軌跡よりも旋回が少なくなります。これをアンダーステアといいます。

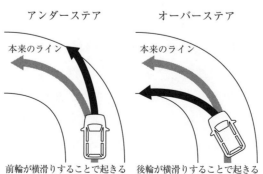

アンダーステア　　　　　　　オーバーステア

本来のライン　　　　　　　　本来のライン

前輪が横滑りすることで起きる　　後輪が横滑りすることで起きる

　ECU内の車両安定制御システム（VSC）は、各センサーからの検知情報を基にオーバーステア又はアンダーステアの状態を認知すると、車体が制御不能な状態に陥らないようにアクセル開度を調整して適切な速度に抑えた上、操舵角を調整しながら適切な車輪にブレーキをかけます。このVSCの働きにより自動車が安定して走行を続けられます。

③　誤差の可能性

　VSCはあくまでセンサーによる車体状況の認知を前提としていますので、ここで使用されるセンサーが有する誤差に影響を受けます。

5　車外に対する意思表明

　本章第2　2(4)(ウ)でも触れたように、運転者は、指示器のほかに、歩行者や他車の運転者とアイコンタクトで意思疎通を行うことで、安全な交通が実現しています。ですので、システムが自動車を走行させる場合にも、自動車側から意思表明を行う手段がないといけません。そのための技術として、車体フロント部分に文字を表示するなどの視覚的な方法や、超音波を可聴音に変える技術を使用して音声を伝達するなどの聴覚的な方法等が考案されていますが、実装には至っていません。今後の研究が待たれるところです。

第4　運転者との情報交換を行うための技術

1　HMI（Human Machine Interface）

　運転自動化レベル2以下の場合、システム作動中でも運転者はシステムによる支援がない場合と同様の注意を払い、自ら操作して車両を動かさなければなりません。また、運転自動化レベル3の場合でも、運転者はシステム作動中一部注意義務が免除されていますが、システムからの要請があればすぐに操作に復帰できるようにしておかなければなりません。ですので、現状の自動運転技術の下では、システムによる操作と運転者による操作とを相互に協調させて、車両を動かすということになります。この協調のためには、システムと運転者が互いの状態を確認し合い、それぞれが適切な対応をすることが必要です。これはHMI（Human Machine Interface）と呼ばれています。ここでは、運転自動化レベルに応じたHMIの在り方を考えた上で、システムが運転者の状態を認知する方法、また逆に運転者がシステムの状態を認知する方法について検討します。

2　HMIの在り方

（1）　運転自動化レベル1におけるHMI

　運転自動化レベル1は、縦方向又は横方向のいずれかの操作のみシステムが分担するものですので、運転者は、システム作動中も運転操作を行っています。システムは運転者の操作挙動及び運転者の操作による車両の動きを検知・認知し、目標軌跡に沿うように必要な支援をすることになります。ですので、基本的には、運転者の操作の結果を認知できればよいということになります。

　また、運転者は、システム作動中も運転操作を行っているので、周辺の走行環境の認知レベルはあまり下がりません。ゆえに、運転者に特定の操作を促すための警報を行えば、運転者が警報に従ってその操作を行うまで、そうタイムラグは生じません。したがって、警報はシステムによる操作と同時又は少し早い程度のタイミングで足ります。

（2）　運転自動化レベル2におけるHMI

　運転自動化レベル2は、縦方向及び横方向の両方の操作をシステムが行うものですので、運転者は、システム作動中、一時的に手足を動かして自車を操作することをやめ、システムの作動状態を監視するのみということになります。本来、システムは作動環境下において運転者の状態を認知する必要はありません。

　他方、運転者はこの間も、システムが作動していない場合と同様に走行環境を注視する義務を負っています。しかし、運転操作をしていないことから、どうしても注意はおろそかになり、周辺の走行環境の認知レベルは低下してしまいます。ゆえに、システムによる走行が困難となり警報が発せられた場合、運転者が操作に復帰し、すぐに走行環境に合わせた適切な運転操作を取れるまでにはタイムラグが生じてしまいます。すると、安全かつ円滑な交通の実現を目指して導入されている運転支援システムのはずが、運転者が操作に復帰した瞬間、危険にさらされることになってしまいます。これを防ぐためには、一定のタイムラグがあることを見越して十分な余裕をもって警報を発すこと及びタイムラグを短くするためにシステム作動中も運転者を監視し、必要に応じて注意喚起を行うことが求められます。

（3）　運転自動化レベル3におけるHMI

　運転自動化レベル3は、一定の走行環境条件下において、検知・認知・判断・予想・操作の過程をシステムのみで実現するものですので、システムは自車を走行するためには、本来、運転者の状態を認知する必要はありません。

　他方、システムが正常に作動している間、運転者は運転に介入していない上、走行環境の注視義務が一部免除されていますので、システム作動中、運転者の走行環境に

対する認知レベルは運転自動化レベル2よりも著しく低下します。ゆえに、システムによる走行が困難となり運転者に対して介入要請が出された場合、操作に復帰するまで相当タイムラグが生じてしまいます。ただ、運転自動化レベル2とは異なり、この状態はむしろ推奨されているのですから、システムは十分な余裕をもって運転者にとって分かりやすい介入要請を出す必要がありますし、運転者が必要なタイミングで復帰できなかった際には、システムが安全を確保する体制を用意しておく必要があります。

　（4）　システムに対する抵抗感を和らげる役割としてのHMI

　ここまでは、システムと運転者が相互に協調して安全かつ円滑な自動車の走行を実践するために必要なHMIを見てきました。これとは別の視点でHMIが備えるべき役割があります。それは運転者にシステムを信頼してもらうという役割です。そのためには単に運転者から認知可能な状態でシステムの作動状態を表示しているというだけでは不十分で、安定した性能、適切なシステム動作はもちろんのこと、機能の理解が十分なされていることも必要です。したがって、HMIには、運転者にとってシステムの作動状態が理解しやすく、システムと運転者との運転権限のやり取りがスムーズである上、システムによる運転が運転者の感覚に合致しているという要望を満たすことが求められているといえます。

3　システムによる運転者状態の認知

　（1）　運転者の状態監視

　運転者の操作挙動については、ハンドル、アクセルペダル、ブレーキペダルに設置されているセンサーからの情報で、比較的容易に認知することができます。

　しかし、システムが認知すべき運転者の状態は、操作挙動に限りません。上述したように、システム作動中に運転者がすぐに操作に復帰することができる状態か否か、相当とされている待機状態を保っているのか監視することが大事です。ここで考慮しなければならないのは、運転者がシステム作動中に感じる眠気とシステムへの過信です。これは自動運転技術が進歩していく上で、必ず直面する便利さの反作用といえます。待機中の運転者に操作復帰への動機付けを行い続けることがHMIの重要な役割の一つとなりますので、今後の研究・開発が待たれます。

　（2）　運転者のオーバーライド

　システムが行っている運転操作に対し、運転者が介入し、運転操作に復帰する行動をオーバーライドと呼びます。オーバーライドがあれば、システムの作動は解除されます。オーバーライドは、高速道路における合流時に多く発生するという実験結果があります。ここで運転者は、自ら操作する必要性を認識して、運転操作に復帰するわ

けですが、システムが作動中であることのみを示すHMIだと、運転者は、システムがどこまで複雑な走行環境の変化に対応してくれるのか、オーバーライド時にシステムがどのような反応をするのか、オーバーライド後システムはどうなるのかという点に迷ってしまいます。そこで、このような不安を感じさせないように、機能限界や権限移譲について説明的なHMIが求められています。

4　運転者によるシステム状態の認知

(1)　システム作動状態の確認

システムが作動中であることは、運転者に対して表示することになりますし、第1章第2　3(2)でも述べたとおり、2021年10月以降（輸入車については2022年10月以降）の新車から搭載されるOBDにより、システムに重要な異常がある場合にも、運転者に対して表示されます。

運転者に対するシステム状態の表示は、基本的にはセンターコンソール、インストルメンタルパネル、ヘッドアップディスプレイなどに視覚的な方法によって行われます。このほか緊急時の対応等よりタイムリーな情報を簡潔に伝えるためには音声による方法も用いられますし、より直感的に情報を伝えて運転者の動作を促すためにはシートの振動等触覚的な方法も検討されています。

(2)　運転者への警報・介入要請

(ア)　システムからの働きかけ

どのレベルのシステムにせよ、システムによる走行が困難となれば、運転者による操作を要請しなければなりません。そして、この要請を行う条件や時期・方法をいかに設計するかが、完全自動運転（運転自動化レベル5）に至るまでの過渡的な運転支援・自動運転システムの下で交通の安全を確保するために極めて重要な問題です。ですので、この設計基準については、保安基準や性能認定基準で規定されています。各基準は以下のとおりです。

① 自動運行装置一般に関する保安基準：保安基準細目告示72条の2

② プリクラッシュブレーキ（衝突被害軽減制動制御装置）：乗用車等の衝突被害軽減制動制御装置に係る協定規則（152号）

③ 誤発進抑制ブレーキ（ペダル踏み間違い急発進等抑制装置）：後付安全運転支援装置の性能の評価等に関する規程（国土交通省告示478号）

④ レーンキープアシスト／パーキングアシスト（かじ取装置）：保安基準細目告示13条→かじ取り装置に係る協定規則79号の自動命令型操舵機能（ACSF）

⑤ アダプティブクルーズコントロール：JIS規格D0801／D0807

⑥　トラフィックジャムパイロット（高速道路等における自動車線維持システム）：保安基準細目告示別添122

　　（イ）　運転者不介入の場合

　運転自動化レベル2以下の場合は、運転者がシステムからの警報にもかかわらずオーバーライドしないと、そのまま進行してしまうか又はシステムの作動が解除されるにすぎません。あくまで、運転者が自ら注意をして適切に運転操作をすることが義務付けられています。

　しかし、運転自動化レベル3の場合は、運転者に一部この義務を免除しているため、システムは、運転者の操作への復帰が遅れても安全を確保できるように設計されていなければなりません。この設計に関する基準も確認してみます。

第5　AI

　人工知能（AI：Artificial Intelligence）といえば、人のようにシステムが知的学習を行う機能を思い浮かべますが、いまだ人の脳と同等に高度な知的学習が可能なシステムは開発されていません。AIという言葉には明確な定義付けはありません。ただ、自動運転のように、リアルタイムに単純にパターン化できない膨大な情報を検知・認知し、それに対応した処理を判断するシステムを設計する上で、全てのパターンをあらかじめルール化しておいて、認知情報を代入して解を得るという処理方法には限界があります。システムが自身の検知・認知した情報から学習し、より複雑な状況にも対応できるように自らルールを作出していくような設計が必要です。このような意味で自動運転においてもAIによる認知・予測・判断が必要と考えられています。

　AIの中でも、特定の判断をシステム自身が現実の事象を解析し、ルールを見つけ出す技術を機械学習と呼んでいます。機械学習においては、事象の解析自体はシステムが行いますが、どのような点に着目して解析を行うかということは、あらかじめ設計者が指定します。比較的ルール化の視点が限定されている、例えば運転行動判断（**本章第2　4(2)**）の際に、親和的なAI技術といえます。しかし、歩行者属性の認知（**本章第2　2(4)(ウ)**）のように、特徴解析の視点さえあらかじめ設定することの困難な多様な状況から一定の結果を導き出すことが求められる場合には、この技術は万全ではありません。そこで、機械学種の一種として深層学習（Deep Learning）の技術が考案されています。深層学習では、解析する上でどの点に着目すべきかをも、システムが自ら学習し、処理性能の向上を模索します。特定のインプットから特定のアウトプットを導き出すネットワーク単位が幾重にも結び付き合い、複雑な学習を可能とする

ものです。その構造は人の脳の神経回路に似ています。近年、この深層学習に関する研究が活発に行われており、今後、運転支援・自動運転システムに実装されることが期待されます。

　以上のような、学習方法の違いという観点とは別の観点による、AIの類型区分があります。説明可能な人工知能（XAI：Explainable AI）という類型の技術です。あらかじめ与えられたルールやモデルによって導き出された判断とは異なり、機械学習又は深層学習によって導き出された判断は、その判断根拠や過程が不透明です。自動運転にAIが搭載された場合にも、なぜそのような経路・軌跡を生成して自車を制御したのか運転者が理解できなければ、システムに対して運転者が不信感を抱くことになってしまいますし、実際に事故が発生した場合にも、その判断の妥当性を検証することができません。そこで、システムのどの部分がどのように作用して当該判断結果に至ったのかという点、及びどのようなインプットをしたらどのようなアウトプットとなるのかという点を明確にして、処理を行うAI技術が必要と考えられています。

第 3 章

交通事故民事賠償請求の
実務的考察

第1　システム作動中の交通事故に関する法律上の論点

1　請求態様の俯瞰

　運転支援システム又は自動運転システムの作動中の自動車（単に自動運転車と呼びます。）が交通事故を発生させた場合、まずは誰が誰に対して損害の賠償を請求できるかを考えなければなりません。そして、その請求がどのような法的根拠に基づくものなのか把握することが大事です。

　ここでは、自動運転車が被害側の場合（自動運転車側に発生した損害の賠償を請求する場合）と自動運転車が加害側の場合（自動運転車の相手側に発生した損害の賠償を請求する場合）とに分けて請求の態様を俯瞰してみます。

① 　運転支援・自動運転車が被害側の場合

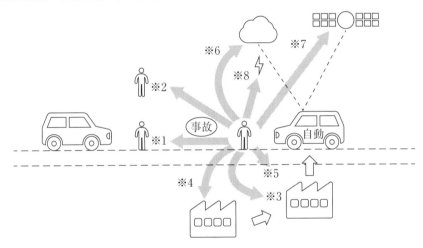

※1　運転者：不法行為責任（民709）・運行供用者責任（自賠3）

※2　所有者：運行供用者責任（自賠3）

※3　OEM：不法行為責任（民709）・製造物責任（PL3）

※4　下請メーカー：不法行為責任（民709）・製造物責任（PL3）

※5　道路管理者：国家賠償責任（国賠1）・営造物責任（国賠2）

※6　データ提供者：不法行為責任（民709）・債務不履行責任（民415）

※7　衛星管理者：不法行為責任（民709）・債務不履行責任（民415）

※8　通信業者：不法行為責任（民709）・債務不履行責任（民415）

② 運転支援・自動運転車が加害側の場合

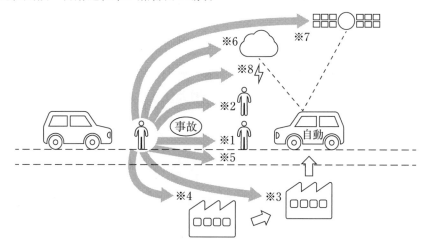

※1　運転者：不法行為責任（民709）・運行供用者責任（自賠3）

※2　所有者：運行供用者責任（自賠3）

※3　OEM：不法行為責任（民709）・製造物責任（PL3）

※4　下請メーカー：不法行為責任（民709）・製造物責任（PL3）

※5　道路管理者：国家賠償責任（国賠1）・営造物責任（国賠2）

※6　データ提供者：不法行為責任（民709）

※7　衛星管理者：不法行為責任（民709）

※8　通信業者：不法行為責任（民709）

2　法律要件の確認

(1)　不法行為責任

(ア)　条　文

○民法

第709条（不法行為による損害賠償）

　　故意又は過失によって他人の権利又は法律上保護される利益を侵害した者は、これに
　よって生じた損害を賠償する責任を負う。

(イ)　法律要件

　民法709条に基づく損害賠償請求を行うための要件を、条文の文言に基づいて分解
すると以下のとおりです。

（被害者に立証責任がある要件）

① 故意又は過失

② 他人の権利又は法律上保護される利益を侵害した

③　損害

④　行為と損害の因果関係

　　　（ウ）　各法律要件の解釈

　上記の法律要件を具備するためには、具体的な事実を立証しなければなりません。具体的な事実を当てはめることができるように、条文の文言を解釈によってかみ砕きます。解釈の仕方には諸説ありますが、以下では実務上使われている通説・判例の解釈のみを取り上げます。

①　故意又は過失

　　㋐　故意＝人（具体的に誰か特定できていることは不要）の権利・法益を侵害することの認識・認容していたこと（最判昭32・3・5民集11・3・395）

　　㋑　過失＝行為時における、加害者と同様の職業・地位・地域性・経験を有する平均人の判断能力を基準に、結果発生の予見が可能であったにもかかわらず、結果の発生を回避するために必要とされる措置を講じなかったこと

②　他人の権利又は法律上保護される利益を侵害した

　＝人権又は権利として保障されている利益に限らず、法律上保護されている利益であれば、これを害した場合には不法行為責任を負う（大判大14・11・28民集4・670）

③　損害

　＝不法行為がなければ被害者が置かれているであろう財産状態と、不法行為があったために被害者が置かれている財産状態との差額。被害者個人の事情を具体的に斟酌して個別項目ごとの金額を積算することで、この差額を算定する。

④　行為と損害の因果関係

　＝相当因果関係

　＝加害者の故意又は過失による行為と条件関係が認められる損害のうち、当該行為の相当な結果と評価できるものについて責任を負う。相当性の判断は、当該行為当時に一般人が認識・予見することのできた事情及び加害者が特に認識・予見していた事情に基づいてなされる。

　　　（エ）　自動運転に係る論点

　自動運転に係る論点としては、以下の2点があげられます。それぞれについて、Qを設定した上で考察します。

Q1　自動運転に係るユーザー側の過失はどのような場合に認められるか？

Q2　自動車メーカーが特定の交通事故につき過失を問われるか？

Q1　自動運転に係るユーザー側の過失はどのような場合に認められるか？

> **Q**　交通事故が発生した場合、ユーザー側に不法行為責任が認められるのは、①運転者に運転行為に関する注意義務違反（又はそのような運転行為をする運転者の選任・監督に関する注意義務違反）が認められる場合と②運転者又は使用者に点検・整備に関する注意義務違反が認められる場合です。システム作動中に生じた事故であっても、ユーザー側が注意義務違反を問われるのは、どのような場合でしょうか。

結　論

① 　運転自動化レベル2以下のシステム作動中の事故で、運転者無過失となるケースは限定的だが、想定し得る。
② 　運転自動化レベル3のシステム作動中の事故については、運転者無過失となるケースは一定程度想定し得る。
③ 　HMIからの異状通知を受け取って、適時に点検整備をしなければ、運転者又は使用者に過失が認められる。

考　察

1　運転行為に関する注意義務違反

(1)　運転自動化レベル2以下の場合

　運転者は、システム作動中であっても作動していない場合と同様の注意義務を負っているので、システムが期待していたとおりに危機回避の操作を行わなかったことで交通事故が発生したとしても、それは単にシステムを過信し適切な操作を怠った運転者の注意義務違反の結果にすぎません。システムが予想外に操作を行ったことで交通事故が発生したという場合でも、運転者は自ら操作することによって適切にオーバーライドできるのですから、やはり運転者の過失によって発生したものと評価するのが原則です。

　しかし、オーバーライド機能自体に欠陥が生じており、運転者が操作を行ったのにそれがシステムによる操作に優先されなかった場合には、運転者に過失を問い得ません。

　また、適切にオーバーライドしようにも、運転者がシステムによる予想外の操作を認知し、これに対する適切な操作を開始するまでに、一定の反応時間が必要です。具体的な状況や運転者の属性（年齢等）によって、その時間は異なりますが、少なくとも1秒弱の時間は必要と考えられています。この反応時間のタイムラグを考慮した結果、運転者には物理的に事故発生を避けることができなかったと評価される場合も想定できます。代表的な運転支援システムにおいて、このように評価される場合として想定できるケースは次のとおりです。

［ケース1］障害物がないのに、プリクラッシュブレーキが作動し減速・停止したことにより、後続車に追突された場合

［ケース2］レーンキープアシスト作動中にシステムが車線認知を誤り、隣接車線に進入したことで、当該隣接車線上の並進車に接触した場合

［ケース3］アダプティブクルーズコントロール作動中に、システムが車間距離を誤り接近したところに、先行車が減速・制動し追突した場合

［ケース4］パーキングアシストによる駐車動作中に接近してきた障害物に衝突した場合

　これらのケースにおいては、具体的事情次第で運転者に過失を認めることができない場合が想定できます。詳しくは**第4章**で考察しますが、今後、技術の進歩に従い、より高度な先進運転支援システムが登場すれば、このような場合は増えてくると考えられます。

（2）　運転自動化レベル3の場合

　運転自動化レベル3のシステム（自動運行装置）がODD（走行環境条件）下で、正常に作動している間は、システムから介入要請（運転操作を促す警報（保安基準細目告示72の2三））がなされない限りは、運転者には周辺環境を注視すべき義務が免除されていますので、この間の視覚的情報を認知していなかったことにより発生した事故に関しては、過失を問い得ません。

　システムからの介入要請は、ODDを満たさなくなる場合には事前に十分な時間的余裕をもって（保安基準細目告示72の2三）（ただし、急激な天候の悪化その他の予測することができないやむを得ない事由により、事前に十分な時間的余裕をもって介入要請を発することが困難なときは、当該事由発生後直ちに（保安基準細目告示72の2六））、システムが正常に作動しないおそれがある状態となった場合には直ちに（保安基準細目告示72の2四）、発せられることとなっています。この介入要請が正常に機能しない、又は介

入要請に従って適切に操作したけれども、オーバーライドが機能しないような欠陥があったことで事故が発生すれば、やはり運転者に過失を問うことはできません。ここでは「十分な時間的余裕」とはどの程度の時間をいうかについても具体的な状況ごとに異なる可能性があり（トラフィックジャムパイロット作動中の事故でどのように考えるべきか、第4章ケース5で考察します。）、適切な時期に介入要請がなされたかも争点となり得ます。

　さらに、システムからの介入要請が適切になされたにもかかわらず、運転者が介入要請に従って運転操作を行わずに事故が発生した場合には、当該事故を回避するだけの時間的余裕があったかという点が争点となると考えられます。他方、運転者が介入要請に従って運転操作を行わない場合の事故回避機能として、システムは次の3点を備えておく必要があるとされています。

① 　システム作動中、運転者が介入要請に従って運転操作を行うことができる状態にあるか常に監視し、その状態にない場合に警報を発する（保安基準細目告示72の2十一）

② 　運転者が介入要請に従って運転操作を行わないとき、又は運転操作を行うことができる状態にないときは、リスクの最小化を図るための制御（リスク最小化制御）が作動し、車両が安全に停止する（保安基準細目告示72の2五・十一）

③ 　システム作動中（リスク最小化制御完了まで）は、他の交通又は障害物との衝突のおそれがある場合には、衝突を防止する又は衝突時の被害を最大限軽減するための制御が作動する（保安基準細目告示72の2七）

　したがって、運転者に事故回避のための時間的余裕があり、過失が認定できるとしても、これらの機能に欠陥があれば、同時に自動車メーカー等もPL法上の責任を負う可能性があります。

2　点検整備に関する注意義務違反

　運転者又は使用者には、日常点検整備及び定期点検整備の義務があり（第1章第2　1参照）、国土交通省令の自動車点検基準では、運行において異状が認められた箇所について当該箇所に異状がないか点検しなければならないとされています（巻末資料：自動車点検基準参照）。ですので、運行中にHMIより故障・異状の発生が通知されていれば（本書で紹介した運転支援・自動運転システムはいずれも、保安基準・技術基準の中でこのような通知が義務付けられています。）、これを放置したまま点検整備を怠り、当該故障・異状が原因で事故が発生すれば、運転者又は使用者の過失を問われることになります。

Q2　自動車メーカーが特定の交通事故につき過失を問われるか？

> **Q**　システム作動中に交通事故が発生した場合、自動車メーカーはPL法に基づく責任を負う可能性がありますが、これと並行して不法行為責任をも問われることがあるのでしょうか。PL法の対象外である当該車両自体の物件損害について自動車メーカーに責任を問い得るかという視点からも検討を要する事項です。

結　論

① 　流通に置く時点で通常予見可能な事故において、運転者の過失がない又はシステム設計上予見可能かつ対処を要する程度にとどまることが認められれば、メーカーの当該自動車製造に係る過失が事実上推定される。

② 　流通に置く時点で予見可能だが、適切な設計・製造によっても残存してしまう事故リスクについて、十分な指示・警告を行っていなければ、そのようなリスクが顕在化した事故について、メーカーの過失が認められる。

③ 　流通に置く時点で予見が困難な事故に関しては、流通に置いた後リコールや改善対策が必要と判明した場合に、メーカーの過失が問われる可能性がある。

考　察

1　事故発生の予見可能性

　不法行為責任における過失を問うためには、自動車メーカーに結果回避義務があったことが必要ですが、特定の交通事故を回避する義務が認められるには、当該事故を回避するための具体的な措置をとることが可能だったのに、そのような措置をとらなかったといえなければなりません。そして、この回避可能性を考える上では、当該事故を事前に予見することができたかが重要となり、これを請求者が立証する必要があります。

　ここで、PL法適用前の製造物の欠陥によって発生した事故について不法行為責任の有無を判断した裁判例を紹介します。業務用冷凍庫の発火が原因で生じた店舗火災事故において、冷凍庫の製造過程で欠陥が生じたことを認定し、家電メーカーの不法行為責任を肯定したという事例です（東京地判平11・8・31判時1687・39）。この裁判例では、家電メーカーに製造者としての安全性確保義務（＝製品を設計、製造し流通に置く過程で、製品の危険な性状により消費者が損害を被ることがないように、製品の安

全性を確保すべき高度の注意義務）があることを認めました。ゆえに、製品を流通に置いた時点で予見可能な危険を回避するための安全対策を欠いていれば、この義務に反し、過失が認められることになります。そして、この事例においては、冷凍庫本来の使用目的に従った使用方法であったにもかかわらず、冷凍庫が発火し、火災の発生源となったものであるから、事故時点で通常有すべき安全性を欠いていたという事実を認定した上で、製品流通時から安全性を欠く状態であったことが推定されるとしています。すなわち、事故当時のユーザーの使用態様が本来の使用方法に沿ったものであれば、当該事故の発生はメーカーが流通に置いた時点で通常予見可能ですので、過失の存在を事実上推定できるという論理をとっています。

　上記冷凍庫の裁判例の論理を、自動車にもそのまま当てはめることができるかについて、「自動車事故が運転者の運転方法によって生じる可能性を常に有しているのに対し、家電製品による製品事故において、その事故原因が使用者の使用方法に起因することは、いわゆる誤用の場合を除いてあまり考えられず、製品によって事故が発生したのであれば、経験則上、その具体的な事故原因は製品の性状にあるものと推認することは合理的である」という指摘があります（能見善久ほか編『論点体系　判例民法8　不法行為Ⅱ〔第2版〕』81頁（第一法規、2013））。したがって、自動車事故に関して、上記冷凍庫の裁判例における「本来の使用目的に従った使用方法」に該当するには、単に通常の態様で運転していたことだけを立証するだけでは足りず、運転者の過失がない又はシステム設計上予見可能かつ対処を要する程度にとどまることが必要とされる可能性が高いと考えられます。また、自動車は家電製品とは異なり、ユーザー側に点検整備を行う義務が課されていますので（第1章第2　1参照）、欠陥が製品流通時から生じていたとの推定を及ぼすためには、この点検整備に係る過失もないことの立証が求められる可能性も考えられます。

2　流通に置く時点で予見可能な残存リスクに対する指示・警告上の注意義務

　自動車メーカーは、自動車を流通に置く際、システムによる走行時に発生する事故のうち予見可能なものについては、可能な限りその発生を防止するよう設計・製造しなければなりませんが、技術的な限界から、設計・製造のみでその事故発生リスクをゼロにすることは不可能です。適切な設計・製造によっても残存するリスクについては、ユーザーに十分にリスクを周知・警告し、事故回避のための方策を指示・案内することが必要と解されています。このような指示・警告が不十分である場合は、PL法上の責任に関しても、設計・製造上の欠陥と並び、欠陥の1類型として考えられています。

　近年、運転自動化レベル2の運転支援システムについて、「自動運転機能搭載車」と

うたった自動車メーカーの広告を誤解し、運転者がシステム作動中に必要な注意を怠り、事故が発生したというケースが、少なからず報告されています。現在は、各メーカーや国土交通省から運転支援システムの過信・誤解に対する注意喚起がなされていますが、同様に利便性や先進性を過度に強調し、リスクの指示・警告が不十分となってしまうおそれはありますので、注意が必要です。この点に関連して、経済産業省・国土交通省委託事業として、株式会社テクノバが2020年3月にまとめた「自動走行の民事上の責任及び社会受容性に関する研究」報告書においても、自動運転について社会に過信がある場合、「皆が間違って理解しているということを放置した」ということが不法行為と判断される可能性が指摘され、誤解を取り除く対応がされたかという点が考慮要素になるという意見も記載されています。

3　流通に置く時点では予見が困難な事故に対する注意義務

(1)　流通後の予見可能性の発生

　上記1で参照した裁判例は、ユーザーが本来の使用方法で使用していた場合に発生する事故について、メーカーが設計・製造時点で予見可能であることを前提にしていましたが、必ずしもこの前提が妥当しない場合も想定できます。

　この点、刑事事件に関する判断ではありますが、トラックのハブが走行中に輪切り破損したために前輪タイヤ等が脱落し、歩行者らを死傷させた事故について、当該トラックのメーカーの品質保証業務を担当していた者の結果回避義務違反を肯定した最高裁決定が参考になります（最決平24・2・8刑集66・4・200）。メーカーの設計自体には問題ありませんでしたが、設計基準の強度を満たしていない部品を使用して製造してしまったために、事故が発生したという事例です。このような過程で事故が発生することを予見するのは、メーカーには困難であったといえます。この決定では、以前にも類似事故が発生しており、当該事故事案を処理する時点で、ハブの強度不足のおそれが客観的に認められる状況にあって、そのおそれの強さや、予測される事故の重大性、多発性が認められることに加え、同トラックのメーカーが事故関係の情報を一手に把握していたなどの事情も考慮し、同種ハブを装備した車両につきリコール等の改善措置の実施のために必要な措置を採り、強度不足に起因するハブの輪切り破損事故が更に発生することを防止すべき業務上の注意義務があったと認定されました。つまり、流通に置いた時点での予見可能性ではなく、流通に置いた後、類似の事故が発生していることを確認できたという事情を考慮して初めて予見可能性があったと認定されています。

　上記裁判例を参考にすれば、運転支援・自動運転システム作動中の事故で、運転者の無過失が認定できたとしても、原因となった欠陥の発生過程によっては、自動車メ

ーカーに不法行為責任を問うために、類似事故がなかったかの調査も必要となる場合があると考えられます。

(2)　リコール・改善対策との関係

リコールは、自動車の構造、装置又は性能が保安基準に適合しなくなるおそれがある状態又は適合していない状態にあり、かつ、その原因が設計又は製作の過程にあると認める場合に、国土交通省に届け出て、ユーザーに周知し、回収・修理を行う制度です（第1章第2　1）。これと類似する制度が改善対策で、保安基準適合性に問題はないけれども、不具合が発生した場合に安全の確保及び環境の保全上看過できない状態であって、かつ、その原因が設計又は製作過程にあると認められるときに、自動車メーカー等が、必要な改善措置を行うことをいいます。改善対策は法律上の義務ではありませんが、リコールと同様に届出を行い、回収・修理がなされます。上記2の関係では、リコールや改善対策が必要であることが判明した場合に、適時に届出・周知を行い、回収・修理を開始していれば、メーカーとしては注意義務を尽くしたといえ、免責されると考えられます（ただし、上記1との関係で、設計・製造時に予見できた欠陥については免責されないと考えられます。）。

なお、後述するPL法上の責任については、当該事故の予見可能性が要求されていませんので、流通に置いた当時から生じていた欠陥によって事故が発生したといえれば、開発危険の抗弁が認められない限り、リコール等の改善措置を開始していても責任を免れることはありません。

(2)　運行供用者責任

　(ア)　条　文

○自動車損害賠償保障法

第3条（自動車損害賠償責任）

　　自己のために自動車を運行の用に供する者は、その運行によって他人の生命又は身体を害したときは、これによって生じた損害を賠償する責に任ずる。

　　ただし、自己及び運転者が自動車の運行に関し注意を怠らなかったこと、被害者又は運転者以外の第三者に故意又は過失があったこと並びに自動車に構造上の欠陥又は機能の障害がなかったことを証明したときは、この限りでない。

　(イ)　法律要件

自賠法3条に基づく損害賠償請求を行うための要件を、条文の文言に基づいて分解すると以下のとおりです。

（被害者に立証責任がある要件）

① 　自己のために自動車を運行の用に供する者であること

② 　自動車の運行

③ 　他人の生命又は身体を害した

④ 　損害

⑤ 　自動車の運行と損害の因果関係

（加害者に立証責任がある要件）

⑥ 　次の免責要件がないこと

　　㋐ 　自己及び運転者が自動車の運行に関し注意を怠らなかったこと

　　㋑ 　被害者又は運転者以外の第三者に故意又は過失があったこと

　　㋒ 　自動車に構造上の欠陥又は機能の障害がなかったこと

　　　（ウ）　各法律要件の解釈

　上記の法律要件を具備するためには、具体的な事実を立証しなければなりません。具体的な事実を当てはめることができるように、条文の文言を解釈によってかみ砕きます。解釈の仕方には諸説ありますが、以下では実務上使われている通説・判例の解釈のみを取り上げます。

① 　自己のために自動車を運行の用に供する者であること

　　＝自動車の使用について支配権（運行支配）を有し、かつ、その使用によって利益（運行利益）を受ける者をいう（二元説）。

　　運行支配は、加害車両の運行を指示・制御すべき立場（地位）と解されており（最判昭48・12・20民集27・11・1611）、運転者との人的関係や自動車の管理方法等の事情を考慮して判断され、最近の裁判例では客観的外形的支配（最判昭44・9・12民集23・9・1654）又は間接支配（最判昭43・10・18判時540・36）でも足りるとするものもある。運行利益についても、裁判例は抽象的利益で足り、現実的具体的利益を享受していたことまで要求しない傾向にある（最判昭46・11・16民集25・8・1209）。

② 　自動車の運行

　　＝人又は物を運送するとしないとにかかわらず、自動車を当該装置の用い方に従い用いること（自賠2②）。ここでいう「当該装置」は、原動機や走行装置に限られず、当該自動車に固有の装置をいう（最判昭52・11・24民集31・6・918）。

③ 　他人の生命又は身体を害した

　　＝運行供用者及び運転者以外の者（最判昭37・12・14民集16・12・2407）の生命又は身体に対する侵害

④　損害

＝不法行為がなければ被害者が置かれているであろう財産状態と、不法行為があったために被害者が置かれている財産状態との差額。被害者個人の事情を具体的に斟酌して個別項目ごとの金額を積算することで、この差額を算定する。

⑤　自動車の運行と損害の因果関係

＝相当因果関係

＝加害者の故意又は過失による行為と条件関係が認められる損害のうち、当該行為の相当な結果と評価できるものについて責任を負う。相当性の判断は、当該行為当時に一般人が認識・予見することのできた事情及び加害者が特に認識・予見していた事情に基づいてなされる。

⑥㋐　自己及び運転者が自動車の運行に関し注意を怠らなかったこと

＝運行供用者が運転者の選任・監督と自動車の点検・整備について注意義務を尽くしていたこと及び運転者も自動車の点検・整備と具体的な運転行為について注意義務を尽くしていたこと

※つまり、運行供用者自身及び運転者に、民法709条の責任根拠である過失が認められていない場合について免責されることを意味します。あくまで無過失を免責要件とするもので、被害者保護という立法政策目的上、不法行為責任に関する責任無能力者であることは免責事由に当たりません。

㋑　被害者又は運転者以外の第三者に故意又は過失があったこと

ⓐ　被害者の過失＝被害者自身の過失とともに幼児等の責任無能力者の監督責任者としての被害者側の過失を含む（森嶋昭夫監修『実務精選100交通事故判例解説』51頁浦川道太郎解説部分（第一法規、2017））。

ⓑ　運転者以外の第三者の過失＝運行供用者・運転者・被害者以外の者をいい、道路等の土地工作物の設置・保存・管理の瑕疵も含む。

㋒　自動車に構造上の欠陥又は機能の障害がなかったこと

ⓐ　構造上の欠陥＝自動車各部の装置・部品・素材及びその構成並びに補修等に欠陥があること

ⓑ　機能の障害＝各装置が規定どおり作動しないこと

※上記欠陥・障害は、日常の点検・整備で発見できないものでも、事故当時の工学技術の水準上不可避のものでない限りは、免責は認められません。また、所有者・使用者等ユーザー側の使用過程や修理業者に起因する欠陥・障害に限られず、自動車メーカーの出荷段階から存在するものも含まれます（森嶋昭夫監修『実務精選100交

通事故判例解説』51頁浦川道太郎解説部分（第一法規、2017））。したがって、運行供用者は、その自動車が元々欠陥車であったことを主張立証しても責任を免れません。

（エ）　自動運転に係る論点

　自動運転に係る論点としては、以下の3点が挙げられます。それぞれについて、Qを設定した上で考察します。

Q3　自動運転車の運行供用者は誰か？

Q4　自動運転車の運転者は自車の運行供用者に損害賠償を請求することができるか？

Q5　自動運転車に係る事故において運行供用者が免責されるのはどのような場合か？

Q3　自動運転車の運行供用者は誰か？

> **Q**　従来、人が運転操作を行っている際の事故であることを前提として、運転者や車検証上の使用者、所有者、事業用車両であれば事業者等が運行供用者とされてきました。しかし、自動運転中の事故の場合、これらの者に運行支配・運行利益を認めることはできるのでしょうか。また、従来とは異なり、車両メーカーも運行供用者とみることはできるのでしょうか。

結　論

①　運転者や車検証上の使用者、所有者、事業者等は、自動運転中の事故についても自賠法3条の責任を負う。

②　車両メーカーは、自動運転中の事故についても自賠法3条の責任を負わない。

考　察

1　自賠法3条の趣旨に基づく考察

　自賠法3条の趣旨は、「危険物を保持する者はその危険がもたらす損害について責任を負わなければならない」という危険責任の考え方と、「利益の存するところに損失も帰せしめるべき」という報償責任の考え方から、運転者に限らず、広く運行供用者に責任を認め、迅速な被害者救済を実現させるため、通常の不法行為責任よりも被害者の立証負担を軽減したというものです。そして、同条ただし書で規定する三つの免責

要件の内容からも分かるように、ここで危険責任の「危険」には、運転行為に由来する危険のみならず、自動車という機器自体に由来する危険も含まれていると考えられます。

　このように考えれば、自動運転中の事故であっても、従来運行供用者とされてきた車検証上の使用者、所有者、事業者等は、その自動車を所有又は保有することで、運行利益を享受していたことはもちろん、その自動車に由来する危険を引き受けていたということにも変わりはないのですから、その意味で自動車の運行支配を認め、事故の責任を負うべきであると考えてもよさそうです。

　他方で、車両メーカーには、その自動車を製作してはいるものの、既に売却しており、自動車を保有も管理もしていませんので、危険責任の所在である「危険物を保持する者」とはいえないのではないでしょうか。加えて、その自動車の運行によって何らかの利益を享受していたともいえませんので、自動運転中の事故であっても、車両メーカーが運行供用者に該当すると考えることはできないと思われます。

2　国土交通省による検討

　国土交通省は、2016年11月より自動運転における損害賠償責任に関する研究会を設け、自動運転中の事故に関し、自賠法に基づく損害賠償責任の在り方について検討を行い、2018年3月に報告書をまとめました。この報告書では、「自動運転システム利用中の事故における自賠法の運行供用者責任をどのように考えるか。」との論点に対して、従来の運行供用者責任を維持することが適当としています。その理由として、以下の五つを挙げています。

① 自動運転でも自動車所有者、運送事業者等に運行支配及び運行利益を認めることができること

② 迅速な被害者救済のため、運行供用者に責任を負担させる現在の制度の有効性が高いこと

③ 従来の考え方を変更し、新たな責任問題を考えた場合、解決困難な政策上の課題に直面すること

④ 他の主要国においても自動車メーカー等にあらかじめ一定の負担を求める方向の制度改正は検討されていないこと

⑤ レベル0から4までの自動車が混在する過渡期において、迅速な被害者救済と自賠責保険制度の安定した運用を実現する必要があること

Q4　自動運転車の運転者は自車の運行供用者に損害賠償を請求することができるか？

> **Q**　交通事故によって人身損害を被るのは、自動運転車の相手方ばかりではありません。自動運転車の運転者も人身損害を被る可能性はあります。また、相手のない自損事故においても、自動運転車の運転者が人身損害を被る可能性があります。システム作動中の事故について、仮に運転者に注意義務違反がないと判断された場合でも、その運転者は自賠法3条の「他人」には当たらないのでしょうか。

結　論

運転者は、システム作動中の事故においても、自賠法3条の「他人」には当たらない。

考　察

1　自賠法3条の趣旨に基づく考察

運行供用者責任の本質が、危険責任と報償責任の考え方にあることは、Q3の考察で述べたとおりです。すなわち、自動車が内包している危険を引き受け、その運行による利益を享受している者が、当該自動車にかかる交通事故により、無関係の者に被害を生じさせた場合には、その責任も負うべきと考えられているわけです。たとえシステムにより走行中に発生した事故であっても、運転者にこの危険の引受けと利益の享受が認められることに変わりはないので、この考え方において、運転者が無関係の者と考えることはできません。ですので、システム作動中の事故についても、運転者を「他人」と見ることはできず、運転者は自身の損害の賠償を当該自動車の運行供用者に請求することはできないと考えられます。

2　国土交通省による検討

国土交通省は、2016年11月より自動運転における損害賠償責任に関する研究会を設け、自動運転中の事故に関し、自賠法に基づく損害賠償責任の在り方について検討を行い、2018年3月に報告書をまとめました。この報告書では、「自動運転システム利用中の自損事故について、自賠法の保護の対象（「他人」）をどのように考えるか。」との論点に対して、運転者を「他人」には含めず、自損事故については、現在と同様、自動車メーカー等の製造物責任及び販売者の債務不履行責任等の追及、並びに任意保険

を活用した対応が適当としています。その理由として、以下の三つを挙げています。

① 自動車の運行に無関係な被害者を保護するという自賠法の立法趣旨。

② 現在、自損事故による損害は任意保険（人身傷害保険）等により填補されており、引き続き任意保険の加入により対応すればよい。

③ レベル0からレベル4までの自動車が混在する過渡期の状況下で、迅速な被害者救済を実現するとともに、自賠責保険制度の安定した運用を実現する必要があること

Q5　自動運転車に係る事故において運行供用者が免責されるのはどのような場合か？

> **Q**　交通事故によって人身損害が生じた場合、加害車両の運行供用者がその賠償をすべき責任を負いますが、自賠法3条ただし書には、免責3要件が定められており、その全ての立証に成功すれば、免責されます。ただ、免責される場合は極めて限定されています。自動運転車の相手車運転者に人身損害が発生した場合、自動運転車の運行供用者は免責される余地があるのでしょうか。

結　論

　免責のためには3要件全てを満たす必要があり、システム作動中の事故であっても、運行供用者が免責されることは、ほぼ想定できない。自動車メーカーのPL法上の責任が認められるとしても両者は併存する状態となる。

考　察

1　免責要件①　自己及び運転者が自動車の運行に関し注意を怠らなかったこと

　この免責要件を満たすためには、運転者に運転行為に関する過失が認められない上、運転者の選任・監督に関する過失や自動車の点検・整備上の過失も認められないことが必要です。

　運転者に運転行為に関する過失責任を問えない場合が想定し得ることは上述したとおりです（Q1の考察参照）。また、点検・整備に関する過失については、ソフトウエアのアップデートを行わないまま走行させていたり、HMIによりシステムが正常に作動しない状態である旨の警告がなされているにもかかわらず、必要な点検・修理をしないまま走行させていたりしたことによって、事故が発生した場合には、過失ありと

評価されると考えられます。ただ、基本的には点検・整備に関して、一般ユーザーに高度な注意は求められていませんので（Q1の考察参照）、上記のような場合を除いて、事故発生原因となったシステムの欠陥を未然に修復できなかったことについて、ユーザー側に点検・整備に関する過失責任を問うことは難しいと考えられます。

　以上から、免責要件①を満たす場合は少なからず想定し得るといえます。

2　免責要件②　被害者又は運転者以外の第三者に故意又は過失があったこと

　この免責要件は、飛び込み自殺、当たり屋、一方的追突事故等の事故発生の全面的原因となる第三者の行為に着目するものです。ゆえに、減責の原因となるような相手方の過失等は過失相殺（民722②）において考慮すれば足り、この免責要件該当性の問題にはなりません。したがって、元来この免責要件に該当する場合は極めてまれな場合に限られると考えられますが、システムによる走行中か否かによっては影響されない事情ですので、一定程度は想定し得るものといえます。

3　免責要件③　自動車に構造上の欠陥又は機能の障害がなかったこと

　この免責要件は、危険責任及び報償責任の観点から、運行供用者に自動車によって生じるリスクを負担させるべきという考え方に根差したものですので、ここでいう欠陥は、ユーザーが管理を始めた自動車引渡し時点後に生じたものに限られず、自動車メーカーの設計・製造段階で生じた欠陥も含まれると解されています。したがって、運行供用者は、運転者に過失の認められない事故に関しても、PL法上の責任と同様に責任を負い、ほぼ全面的にリスク負担をすることになります。

　なお、自動車の欠陥・障害が、当該事故と無関係な（因果関係が認められない）ものについてまで不存在を主張・立証する必要がないということは判例上確認されています（最判昭45・1・22民集24・1・40）。

4　小　括

　以上のとおり、免責要件①又は②については、その主張・立証が可能な場合が少ないながらも想定し得ますが、免責要件③については、これが認められる場合はほぼ想定できないということになります。自賠法3条ただし書の免責3要件は、その全ての主張・立証に成功しなければ、免責されないというものですので、これに成功するようなケースはほぼ想定できないといえます。したがって、システム作動中の事故により相手方の人身損害を生じさせた場合は、自動車メーカーのPL法上の責任が肯定されるとしても、基本的に運行供用者責任が併存し、内部求償問題が生じることになります。

(3)　製造物責任

（ア）　条　文

○製造物責任法

第3条（製造物責任）

　製造業者等は、その製造、加工、輸入又は前条第3項第2号若しくは第3号の氏名等の表示をした（＝製造業者と誤認されるような氏名等若しくは実質的な製造業者と認めることができる氏名等の表示をした）製造物であって、その引き渡したものの欠陥により他人の生命、身体又は財産を侵害したときは、これによって生じた損害を賠償する責めに任ずる。

　ただし、その損害が当該製造物についてのみ生じたときは、この限りでない。

第4条（免責事由）

　前条の場合において、製造業者等は、次の各号に掲げる事項を証明したときは、同条に規定する賠償の責めに任じない。

一　当該製造物をその製造業者等が引き渡した時における科学又は技術に関する知見によっては、当該製造物にその欠陥があることを認識することができなかったこと。

二　当該製造物が他の製造物の部品又は原材料として使用された場合において、その欠陥が専ら当該他の製造物の製造業者が行った設計に関する指示に従ったことにより生じ、かつ、その欠陥が生じたことにつき過失がないこと。

（イ）　法律要件

　PL法3条に基づく損害賠償請求を行うための要件を、条文の文言に基づいて分解すると以下のとおりです。

（被害者に立証責任がある要件）

①　製造業者等であること

②　製造物であること

③　引き渡したものの欠陥があったこと

④　他人の生命、身体又は財産を侵害したこと

⑤　損害（ただし、製造物自体についてのみに生じた損害は除く）

⑥　欠陥と損害の因果関係

（加害者に立証責任がある要件）

⑦　次の免責要件がないこと

　㋐　引渡時における科学的知見によっては欠陥の認識が不可能だったこと

　㋑　他の製造者等が設計し、その指示に過失なく従ったにすぎないこと

（ウ）　各法律要件の解釈

　上記の法律要件を具備するためには、具体的な事実を立証しなければなりません。具体的な事実を当てはめることができるように、条文の文言を解釈によってかみ砕き

ます。解釈の仕方には諸説ありますが、以下では実務上使われている通説・判例の解釈のみを取り上げます。

① 製造業者等であること

　＝次のいずれかに該当する者（PL2③）

　　㋐　当該製造物を業として製造、加工又は輸入した者

　　㋑　自ら当該製造物の製造業者として当該製造物にその氏名、商号、商標その他の表示をした者又は当該製造物にその製造業者と誤認させるような氏名等の表示をした者

　　㋒　前2者のほか、当該製造物の製造、加工、輸入又は販売に係る形態その他の事情から見て、当該製造物にその実質的な製造業者と認めることができる氏名等の表示をした者

　※自動車には、A社が製造し、B社がA社から提供を受け、B社商標製品として販売されているものがあります（OEM：Original Equipment Manufacturing）。OEM車の場合、B社は上記㋑又は㋒に該当し、製造者等に当たるとされています。

② 製造物であること

　＝製造又は加工された動産（PL2①）

　　㋐　製造＝製品の設計、加工、検査、表示を含む一連の行為

　　㋑　加工＝動産を材料としてこれに工作を加え、その本質は保持させつつ新しい属性を付加し、価値を加えること

　　㋒　動産＝不動産以外の全ての有体物（民85・86）

③ 引き渡したものの欠陥があったこと

　　㋐　引渡し＝自らの意思に基づいて製造物を流通過程に置くこと。有償無償は問われない。

　　㋑　欠陥＝当該製造物の特性、その通常予見される使用形態、その製造業者等が当該製造物を引き渡した時期その他の当該製造物に係る事情を考慮して、当該製造物が通常有すべき安全性を欠いていること（PL2②）

④ 他人の生命、身体又は財産を侵害したこと

　＝人の生命、身体又は財産の侵害（この財産には、当該製造物は含まれない。）

　※精神的損害についても、これらの侵害がなければ認められません。

⑤ 損害（ただし、製造物自体についてのみに生じた損害は除く。）

　＝不法行為がなければ被害者が置かれているであろう財産状態と、不法行為があったために被害者が置かれている財産状態との差額。被害者個人の事情を具体的に

斟酌して個別項目ごとの金額を積算することで、この差額を算定する。

⑥　欠陥と損害の因果関係

　＝相当因果関係

　＝加害者の故意又は過失による行為と条件関係が認められる損害のうち、当該行為の相当な結果と評価できるものについて責任を負う。相当性の判断は、当該行為当時に一般人が認識・予見することのできた事情及び加害者が特に認識・予見していた事情に基づいてなされる。

⑦⑦　引渡時における科学又は技術に関する知見によっては欠陥の認識が不可能だったこと（開発危険の抗弁）

　　＝引渡時において入手可能な最高の科学・技術の水準の知見によっても、欠陥を認識できなかったこと

　　　ⓐ　知見＝欠陥の有無を判断するに当たって影響を受け得る程度に確立された知識の全て

　　　ⓑ　欠陥を認識できなかった＝当該製造業者の具体的な企業規模や技術水準とは関係なく、客観的に認識が不可能と認められる場合をいう。

　⑦　他の製造者等が設計し、その指示に過失なく従って製造した部品・原材料であること（部品・原材料製造業者の抗弁）

　　＝当該製造物が、現実に他の製造物の部品・原材料として使用されており、他の製造業者等より設計に関する指示を受けて製造され、欠陥が当該指示に過失なく従ったことのみに起因して生じたものであること

　　　ⓐ　設計に関する指示＝設計自体を指定する内容のもの又は当該部品・原材料の設計を具体的に拘束するものであることが必要。

　　　ⓑ　過失なく＝当該部品・原材料の製造業者に欠陥に係る予見可能性又は結果回避可能性がないこと。

　　（エ）　自動運転に係る論点

　自動運転に係る論点としては、以下の2点が挙げられます。それぞれについて、Qを設定した上で考察します。

Q6　ソフトウエアの欠陥は誰が責任をとるのか？

Q7　システムの欠陥とは何を指すか？

Q6　ソフトウエアの欠陥は誰が責任をとるのか？

> **Q**　PL法が対象としている製造物は動産に限定されるので、ハードウエアの欠陥は同法によって責任追及が可能ですが、ソフトウエアにバグ等の欠陥があったことにより交通事故が発生した場合、同法での責任追及はできないのでしょうか。

結　論

① 流通に置かれた時点で発生していたソフトウエアの欠陥による事故は、自動車メーカーにPL法上の責任を問い得る。

② 流通後のOTAによるソフトウエアのアップデートで発生したソフトウエアの欠陥については、アップデートプログラム提供者に不法行為責任を問い得るにとどまるが、この提供者は当面、自動車メーカーに限られると考えられる。

考　察

1　流通に置かれた時点で発生していたソフトウエアの欠陥

　運転支援・自動運転システムを搭載した自動車は、ハードウエアとソフトウエアの統合体として1個の製造物と見るのが自然ですので、流通に置かれた時点でシステムに発生していたソフトウエアの欠陥も、製造物の欠陥と考えることが可能です。この点、経済産業省・国土交通省委託事業として、株式会社テクノバが2020年3月にまとめた「自動走行の民事上の責任及び社会受容性に関する研究」報告書においても、自動車が製造物として流通に置かれた時点で組み込まれているソフトウエアについては、車両と一体のものとして、その欠陥による事故の責任を自動車メーカーにPL法に基づき追及できるとされています。

　また、流通に置かれた時点で発生していたソフトウエアのバグを、その後のアップデートによって改善するということがなされる場合、そのバグ自体がPL法上の欠陥に該当する可能性がある上、そのバグの存在が発覚した後、自動車メーカーが適切な時期にアップデートによる修正を行わなかったことで、事故が発生すれば、自動車メーカーに不法行為責任が問われる可能性もあります（Q2の考察3参照）。

2　流通後のアップデートにより発生したソフトウエアの欠陥

　他方、流通後のソフトウエアアップデートがなされたことによって初めて生じたシ

ステムの欠陥については、どのように考えればよいでしょうか。現行のPL法の解釈を前提にすれば、「加工」（PL2①）に該当するためには、動産を材料とすることが要件となっていますので、ソフトウエアのアップデートにCD－ROM等を用いない限り、この加工には該当しません。すると、ソフトウエアのアップデートは、基本的にはOTA（Over The Air＝インターネットを介してプログラムを送受信する技術）により行われると想定されるところ、ソフトウエアのアップデートにより生じた欠陥については、アップデートプログラム提供者にPL法上の責任を問い得ないということになります。この点上述の株式会社テクノバ作成の報告書にも、上記現行の解釈の帰結を前提とし、流通に置かれた後に行われたソフトウエアのアップデートに不具合があって生じた事故については、アップデートを行った者は製造物責任ではなく、民法709条に基づく不法行為責任を負うこととなると結論付けています。さらに、事故に結びつくようなソフトウエアのアップデートをOTAで行う際には、道路運送車両法99条の3の許可を取得する必要があり、当面は自動車メーカーによる以外には考えられないとした上で、リコール等による回収・修理の結果、より危険な状態になってしまった場合と同様に、不法行為責任を考慮すれば足りるとの意見も記載されています。

Q7　システムの欠陥とは何を指すか？

> **Q**　システム作動時に発生した事故について、システムによる運転動作が原因と考えられる場合、どのような運転動作が欠陥と認定されるのでしょうか。自動車メーカーにPL法上の責任を追及できる範囲を画定する上で、重要な論点となります。

結　論

①　当該自動車が流通に置かれる時点のセンサー技術の水準を基に検知可能な事情を前提として、当該事故が合理的な運転者によって予見可能であれば、システムによって回避されるべきである。

②　システムによって回避されるべき事故であった場合に、事故の原因がシステムの欠陥にあったというためには、運転者の過失がない又はシステム設計上予見可能かつ対処を要する程度にとどまることが必要である。

③　事故の原因がシステムの欠陥にあった場合に、その欠陥が当該自動車が流通に置

かれた時点から存在していたというためには、ユーザー側が必要な点検整備を尽くしていたといえることが必要である。

④　システムの欠陥が、自動車の製品構造自体の安全設計によって克服困難なものであっても、自動車メーカーからユーザーに向けた十分な指示警告がなされていなければ、自動車メーカーの責任は否定されない。

> ### 考　察

1　通常有すべき安全性とは

(1)　PL法上の「欠陥」と技術的基準との関係

自動車は第1章第2で見たように、保安基準の適合性を軸に製作され、品質保持が図られていますので、保安基準の不適合＝PL法上の欠陥と考えてよいのでしょうか。

この点、保安基準は行政上の製品安全規制であって、行政の強制力を行使するか否かの最低水準であり、現実に発生した事故との関係で製品が備えることが要求されていた安全性の水準とは一致しません。ですので、保安基準の適合性はPL法上の欠陥を認定する際の考慮要素の一つにすぎないと考えられます。ただし、保安基準に適合していなかった場合には最低限度の水準も満たしていなかったとして欠陥が強く推認されることにはなります。

そこで、各運転支援・自動運転システムの保安基準・技術基準を見ますと、いずれも安全性を確保できる装置であることが要求されています。ここで求められている安全性は、装置が備えるべき最低水準の安全性ということになりますが、その具体的内容を検討する上で、国土交通省自動車局が2018年9月に定めた自動運転車の安全技術ガイドラインが参考になります。この安全技術ガイドラインでは、運転自動化レベル3以上の自動運転車が満たすべき車両安全を「許容不可能なリスクがないこと」すなわち、「自動運転車のODDにおいて、自動運転システムが引き起こす人身事故であって合理的に予見される防止可能な事故が生じないこと」と定義しています。少なくともこのレベルの安全性を満たしていないといえる場合には、欠陥の存在を強く推認されると考えることができます。

(2)　システムに求める安全性の程度

では、自動運転車において、PL法上要求されている安全性はどの程度のものなのでしょうか。

(ア)　消費者期待基準とリスク効用基準

ここで、まずPL法上の欠陥の有無を判断する基準として、二つの異なる考え方をご紹介します。

① 消費者期待基準＝合理的な消費者が期待するであろうと評価できる水準の安全性を有しているか否かが判断基準

　　㋐ 積極根拠
　　　ⓐ 「通常有すべき安全性」との条文の文言
　　　ⓑ 柔軟な解決が可能
　　㋑ 消極根拠
　　　ⓐ 危険が明白な場合には、欠陥を認めにくくなる
　　　ⓑ 基準が曖昧

② リスク効用基準＝製品の設計に関する効用と危険の程度を比較して、後者が前者を上回る場合に欠陥ありとする基準。具体的には当該事故を防ぐための合理的な代替設計を前提に、増大する安全性の程度と、増大するコスト及び新たにもたらす危険性とを比較するもの

　　㋐ 積極根拠
　　　ⓐ 基準が明確
　　　ⓑ 危険が明白な場合にも、欠陥を認めることができる
　　㋑ 消極根拠
　　　ⓐ 代替設計が条文上考慮要素に挙げられていない
　　　ⓑ 代替設計の立証が困難

　我が国のPL法の条文の規定ぶりから、消費者期待基準に親和的と考えられていますが、上記①②の基準は必ずしも択一排反の関係になく、どちらの視点に寄った裁判例とも存在します。被害者側としては消費者期待基準による方が有利な傾向にありますが、他メーカーで同様の機能を有するシステムを参考に、より良い代替設計を提示することが可能な場合は、リスク効用基準から主張を構成した方が、裁判所に対する感銘力が強い場合も想定できます。

　（イ）　消費者が期待する安全性の程度

　以上二つの考え方を確認した上で、消費者期待基準に寄って欠陥の有無を判断する場合、合理的な消費者はどの程度の安全性を運転支援・自動運転システムに期待しているといえるのでしょうか。

　この点、システム作動中に事故が起こった以上は、客観的には危険な状態がシステムによって作出されたと評価できるので、欠陥ありとするという純客観的な考え方があり得ます。ただ、自動運転の目標の一つに交通事故ゼロを掲げているとはいえ、少なくとも現時点での社会通念を考えた場合に、その実現に対する期待が醸成されているとは思えません。

　他方、国内メーカーの中には、ベテランドライバーと同様の運転能力を想定してデ

ータベースを構築し、予見可能・回避可能な事故の発生を防ぐ技術的な開発が行われています。そこでこの技術的水準を満たすかどうかによって欠陥の有無を判断するという考え方があり得ます。ここで問題となるのは、システムによる制御によって、人による運転よりも安全な交通を実現することが自動運転に対する根源的な期待ではなかったかということです。つまり、人と同等の運転能力で足りるのか、センサー等により人とは異なる特別の能力があるという前提で考えるのかという問題です。この問題に関しては、「自動走行の民事上の責任及び社会受容性に関する研究」報告書（株式会社テクノバ、2020年3月）においても触れられていますが、結論には至らず、今後の検討課題とされています。

　この問題について、簡単に私見を述べます。検知・認知・予測・判断・操作という運転動作のうち、検知及び操作の機能については、人が行う場合、身体の構造による制約があります。例えば、人の視覚は眼球運動と頭部運動によって視野制御をしていますが、360度同時に視覚情報を取得することはできませんし、運転席からの視野しか検知できないので死角が存在します。また、人による操作には、対処が必要な状況を認識してから反応まで一定のタイムラグが生じてしまいます。これらの身体の構造による制約は、システムによって克服し精度を向上させることができます。この精度向上が現状消費者がシステムに期待しているポイントなのではないでしょうか。一方、認知、予測及び判断の機能については、現状のAI技術の水準を考えても、人を超える能力をシステムに求めるのは困難と思われますし、そのような期待が社会的に醸成されているとも考えられません。したがって、私見としては、当該自動車が流通に置かれる時点のセンサー技術の水準を下に検知可能な事情を前提として、当該事故が合理的な運転者によって予見可能であれば、システムによって回避されるべきであって、通常有すべき安全性を備えていなかったと評価してよいのではないかと考えます。

2　PL法2条2項に挙げる考慮要素の検討

（1）　引き渡した時期

　上記のように通常有すべき安全性を考える際には、流通に置かれる時点の技術水準やシステムに対する社会一般の期待度を考慮する必要があります。

（2）　通常予見される使用形態

　一般に製造物の欠陥を認定する際には誤使用をどこまで許容するかが問題となります。すなわち、製造業者は、本来予定する使用方法だけではなく、製品使用者が理解・予定するであろう使用方法を予見して、安全対策を講じることが求められます。したがって、一般的な消費者の製品使用態様を、①本来予定していた正常使用、②予見可能な誤使用、③非常識な使用に分類し、①と②については、製品自体で安全を確保しなければならず、特定の交通事故における運転者の運転行動が、これらに含まれるかは当該事故の具体的な事情を考慮することとなります。自動運転システムに関してい

えば、①については運転者が過失なく運転動作を行うことと考えられます。また、運転者がシステム作動中に感じる眠気とシステムへの過信は、自動運転技術が進歩していく上で、必ず直面する便利さの反作用といえますので、②に含め安全対策を講じておく必要があると考えられます（第２章第４　３(1)参照）。

(3)　当該製造物の特性

自動車事故は、家電製品による事故に比べて、製品の使用態様つまり運転者の運転行為が原因となっている可能性を常に有しているので、運転者の運転行為によって事故が発生したという可能性を取り除いて初めて、事故原因が製品の性状にあるものと推認できることになります。このことは自動車メーカーの不法行為責任を考察した際の考慮と同じです（Ｑ２の考察参照）したがって、欠陥の存在の立証には、運転者の過失がない又はシステム設計上予見可能かつ対処を要する程度（上記(2)でいう②予見可能な誤使用）にとどまることを立証する必要があると考えられます。

(4)　その他１：他原因の介在可能性

PL法上の責任が認められるためには、事故発生の原因となった欠陥が、当該製品が流通に置かれた時点から存在していたことが必要です。これを正面から立証するためには、流通に置かれる前の製造・輸送過程において欠陥が発生する機序を特定するか（東京地判平25・12・5判時2215・103）、又は製造・輸送過程以外で欠陥が生じ得ないことを示す（東京地判平13・2・28判タ1068・181）ことになります。このほか、間接事実から推認する際に、過去の裁判例で用いられた間接事実は次のとおりです。

＜流通時における欠陥存否の間接事実＞

① 　同じ製造・輸送過程を辿った別製品の欠陥の有無（大阪高判平15・5・16（平14（ネ）3902））

② 　製品が流通に置かれた時から事故時までの使用実績（東京地判平20・8・29判時2031・71）

③ 　製品が流通に置かれた時から事故時までの時間的間隔・耐用年数（東京地判平25・9・26判時2210・67）

運転支援・自動運転システムに関して考えると、上記のうち①については、欠陥を肯定するためには有効な間接事実と考えられますが、システムの欠陥による交通事故は、走行環境や相手車両の走行態様等多くの要素からなる条件下で発現するものですので、別製品での欠陥による事故発生が報告されていなかったとしても、単にその条件下になかったにすぎない可能性があり、欠陥を否定する間接事実と評価することはできないと考えられます。また、②の使用実績との関係では、ユーザー側に課されている点検整備義務を尽くしていたかが重要な考慮要素になります。これを尽くしていたにもかかわらず、システムの欠陥による事故が発生してしまった場合は、その欠陥が流通に置かれた時点から存在していた可能性が高いと考えられます。③との関係で

は、法定の点検整備を尽くしていたのに、使用期間が長いということで、事故が発生するものであってはいけませんので、ここでの考慮要素は、単に点検整備上の問題が発生する可能性があったことを推認させる事情にすぎず、自動車の自動運転システムの欠陥の有無に大きく影響するものではないと考えられます。

　なお、自動車には、広く中古車市場が形成されており、中古車による事故も多数発生していますが、中古車の販売の際の点検整備、つまりハードウエアの修繕やソフトウエアの更新等が適切に行われていれば、システムの欠陥による事故は起こり得ないのですから、結局は点検整備義務を尽くしていたかを考慮すれば足り、事故車両が中古車であるからといって特別な考慮は必要ないと考えられます。ただ、中古車においては、上記販売の際の点検整備が「加工」（PL2①）に該当する場合は、中古車販売業者も製造業者に当たることになりますので、ここで新たに欠陥が発生したと認定できる場合は、当該中古車販売業者がPL法上の責任を負う可能性があります。

　（5）　その他２：十分な指示・警告の有無

　製品の安全性を設計する際には、製品構造自体によって安全性を確保することと並行して、製品構造自体による安全対策のみでは防ぎきれない残存リスクをも防止・回避するために消費者に対し、十分な指示警告がなされることが必要です。アメリカ法では、「指示」を危険を回避・軽減させる方策についての説明、「警告」を単に危険の存在についての説明と定義し、上記指示警告が不存在・不十分であったこと（＝指示警告上の欠陥）が、製品構造自体の安全設計に関する欠陥（＝設計上の欠陥）、製造工程における設計からの逸脱という意味での欠陥（＝製造上の欠陥）と並ぶ、第3の欠陥類型として分類されています。我が国のPL法はこの3類型を採用していませんが、これらのいずれかを欠き、製品の安全設計全体として「通常有すべき安全性」（PL2②）を欠いていることを欠陥と定義しています。

　この指示警告の存否及び十分性を考慮する際には、リスク効用基準的な視点で欠陥の有無を検討する場合に、代替設計に物理的な制約のある製品構造自体の設計に対し、「あるべきであった指示警告」は無限に想定し得るため、どのラインで十分といえるかを判断する必要があります。

　そして、十分な指示警告がいかなるものか考える上で、忘れてはならないのが、製品安全設計におけるスリーステップメソッドです。これは、製品における事故リスク低減の安全対策を①本質的安全設計方策の実施→②安全防護又は付加保護方策の実施→③使用上の情報の提供という順番で講じなければならないという発想です。国際基準（ISO/IEC Guide51：2014「安全側面の規格への導入指針」）に従って、厚生労働省労働基準局より局長通達として「機械の包括的な安全基準に関する指針」（平19・7・31基発0731001）が発表されています。図は、当該指針の別図として示されている機械の

製造等を行う者による危険性又は有害性等の調査及びリスクの低減の手順です。製品の安全設計を行う上で、製造業者は、まず当該製品の本質的な設計又は保護装置の付加という製品構造自体の安全設計によって事故リスクを低減すべきであって、消費者への情報提供はあくまで、それでも残存するリスクに対する補完的な安全対策と考えるべきです。製品構造自体の安全設計について、代替設計が考えられるにもかかわらず、安易に情報提供のみ行ってリスク低減措置を消費者に転嫁することは許されません。

【図　機械の製造等を行う者による危険性又は有害性等の調査及びリスクの低減の手順】

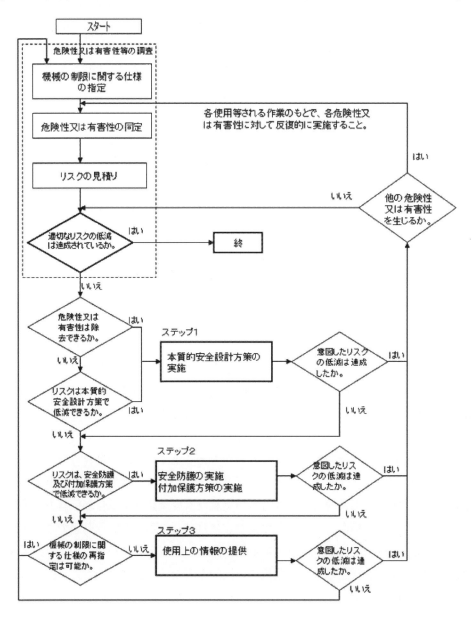

　以上を前提に、十分な指示警告があったか検討する上では、そもそも当該事故が、本来予定していた正常使用又は予見可能な誤使用中に引き起こされたもの、つまり、運転者の過失がない又はシステムの設計上予見可能かつ対処を要する程度にとどまるものである必要があります。その上で、過去の裁判例において、警告文の十分性を認定するための考慮要素として挙げられているのは、次のとおりです。

＜警告文の十分性に関する考慮要素＞

①　読み手の属性：読み手の読解能力・知識に着目（富山地判平17・12・20（平16（ワ）289）（控訴審：名古屋高金沢支判平19・7・18判タ1251・333）、東京地判平26・3・27判時2228・43）

②　製品の特性：予見される危険の程度、使用態様の特徴に着目（東京地判平16・3・25（平15（ワ）20584）（控訴審：東京高判平17・1・13（平16（ネ）2224・平16（ネ）2877）、大阪地判平22・11・17判時2146・80）

③　製品の宣伝文句：安全性に関する宣伝の指示警告に対する低減効果に着目（東京地判平12・5・22判時1718・3、奈良地判平15・10・8判時1840・49）

④　指示警告の記載内容：危険発生過程に関する情報提供の具体性・正確性着目（東京地判平15・3・20判時1846・62、東京地判平21・3・30（平18（ワ）14458）、東京地判平24・11・29（平22（ワ）37986））

⑤　指示警告の表示方法：読み手に対する感銘力の観点で表示位置、文字の大きさ、表現選択に着目（東京地判平23・1・31（平20（ワ）22240）、東京地判平24・11・30判タ1393・335）

　このような考慮要素を自動車の運転支援・自動運転システムに当てはめるとどのような検討が必要となるでしょうか。この点、「自動走行の民事上の責任及び社会受容性に関する研究」報告書（株式会社テクノバ、2020年3月）に触れられている内容を参考に考えてみます。まず、情報提供の相手方は、自動車のユーザーであり、知識も理解度も幅のある一般市民です。ただ、運転免許を有している者のみによって使用されるのですから、交通規制や車両構造については、免許取得者の知識・理解力を前提にしてよいと考えられます。また、自動車の使用態様は、車種によって千差万別ですし、乗用車であっても保有者の自己利用だけではなく、リース、レンタカー、カーシェアのように利用者も一定とは限りません。ですので、指示警告のタイミングは販売時のみで足りない場合もあり得ます。さらに、既に触れたとおり、運転者のシステムの過信を防ぎ、事故リスクを低減するためには、システムの作動条件及び作動態様について運転者の正確な理解が求められるところでもあります。上記テクノバの報告書では、取扱説明書への記載という、現状の1回限りの情報提供を見直す必要性についても提言されています。具体的には、運転状況に合わせて、ユーザーの五感に訴える運

転現場での適切な指示警告が行われる方法等を検討すべきとしており、これは指示警告の存否及び十分性を検討する際、当該事故当時HMIが運転者とどのような情報交換を行ったかも確認を要する可能性が出てくることを指摘したものと考えられます。

(4)　営造物責任

(ア)　条　文

> ○国家賠償法
> 第2条1項
> 　道路、河川その他の公の営造物の設置又は管理に瑕疵があったために他人に損害を生じたときは、国又は公共団体は、これを賠償する責に任ずる。

(イ)　法律要件

　国家賠償法2条1項に基づく損害賠償請求を行うための要件を、条文の文言に基づいて分解すると以下のとおりです。

（被害者に立証責任がある要件）

① 　公の営造物

② 　設置又は管理に瑕疵があったこと

③ 　他人の損害

④ 　瑕疵と損害の因果関係

(ウ)　各法律要件の解釈

① 　公の営造物

　＝国又は公共団体が設置・管理する有体物及び公的設備であって、特定の公の目的に供するもの。道路等の人工公物のみならず、河川等の自然公物も含む。

② 　設置又は管理に瑕疵があったこと

　＝営造物の設置（設定、設計、建造等）又は管理（維持、修繕、保管等）が不完全であることにより、営造物の通常備えているべき安全性を欠いている状態をいう。この瑕疵には、当該営造物を構成する物的施設自体に存する物理的、外形的な欠陥ないし不備によるものに限らず、その営造物が供用目的に沿って利用されることとの関連において生じるもの（供用関連瑕疵）も含む（最大判昭56・12・16民集35・10・1369）。

③ 　他人の損害

　＝不法行為がなければ被害者が置かれているであろう財産状態と、不法行為があったために被害者が置かれている財産状態との差額。被害者個人の事情を具体的に

斟酌して個別項目ごとの金額を積算することで、この差額を算定する。

④　瑕疵と損害の因果関係

＝相当因果関係

＝加害者の故意又は過失による行為と条件関係が認められる損害のうち、当該行為の相当な結果と評価できるものについて責任を負う。相当性の判断は、当該行為当時に一般人が認識・予見することのできた事情及び加害者が特に認識・予見していた事情に基づいてなされる。

(5)　債務不履行責任

（ア）　条　文

○民法

第415条（債務不履行による損害賠償）

　債務者がその債務の本旨に従った履行をしないとき又は債務の履行が不能であるときは、債権者は、これによって生じた損害の賠償を請求することができる。ただし、その債務の不履行が契約その他の債務の発生原因及び取引上の社会通念に照らして債務者の責めに帰すことができない事由によるものであるときは、この限りでない。

2　前項の規定により損害賠償の請求をすることができる場合において、債権者は、次に掲げるときは、債務の履行に代わる損害賠償の請求をすることができる。

一　債務の履行が不能であるとき。

二　債務者がその債務の履行を拒絶する意思を明確に表示したとき。

三　債務が契約によって生じたものである場合において、その契約が解除され、又は債務の不履行による契約の解除権が発生したとき。

第566条（目的物の種類又は品質に関する担保責任の期間の制限）

　売主が種類又は品質に関して契約の内容に適合しない目的物を買主に引き渡した場合において、買主がその不適合を知った時から一年以内にその旨を売主に通知しないときは、買主は、その不適合を理由として、履行の追完の請求、代金の減額の請求、損害賠償の請求及び契約の解除をすることができない。ただし、売主が引渡しの時にその不適合を知り、又は重大な過失によって知らなかったときは、この限りでない。

（イ）　法律要件

　民法415条に基づく損害賠償請求又はその1類型としての民法566条に基づく損害賠償請求を行うための要件を、条文の文言に基づいて分解すると以下のとおりです。

（被害者に立証責任がある要件）

①　債務の本旨に従った履行をしない、又は債務の履行が不能

　※（債務不履行の一類型として）引き渡した目的物が契約の内容に適合していない場合（民566）

②　損害

③　債務不履行と損害の因果関係

（加害者に立証責任がある要件）

④　債務不履行につき債務者に帰責事由があること

　　　（ウ）　各法律要件の解釈

　上記の法律要件を具備するためには、具体的な事実を立証しなければなりません。具体的な事実を当てはめることができるように、条文の文言を解釈によってかみ砕きます。解釈の仕方には諸説ありますが、以下では実務上使われている通説・判例の解釈のみを取り上げます。

①　債務の本旨に従った履行をしない、又は債務の履行が不能

　　＝契約その他の事由に生じた債務につき、その趣旨に沿った履行を行わないこと又は社会通念上行えない状態に陥ったこと

　　※引き渡した目的物が契約の内容に適合していない（民566）

　　＝目的物の外形上不適合が明確ではない性状にかかる不適合（日本弁護士連合会編『実務解説　改正債権法〔第2版〕』422頁（弘文堂、2020））

②　損害

　　＝債務不履行がなければ債権者が置かれているであろう財産状態と、債務不履行があったために債権者が置かれている財産状態との差額。ただし、民法415条2項の各号に該当する場合には、履行に代わる損害の賠償が可能。

③　債務不履行と損害の因果関係

　　＝相当因果関係

　　＝債務不履行と条件関係が認められる損害のうち、当該債務不履行の相当な結果と評価できるものについて責任を負う。相当性の判断は、当該債務不履行当時に一般人が認識・予見することのできた事情及び加害者が特に認識・予見していた事情に基づいてなされる。

④　債務不履行につき債務者に帰責事由があること

　　＝債務不履行が契約その他の債務の発生原因及び取引上の社会通念に照らして債務者の責めに帰すことができない事由によるものである場合には免責される（従来の判例・通説を2020年4月施行の債権法改正において明文化したもの）

　　　（エ）　自動運転に係る論点

　自動運転に係る論点としては、以下の2点があげられます。それぞれについて、Qを設定した上で考察します。

Q8　データ提供者は不完全な提供データによって生じた事故の責任を負うか？

Q9　自動車販売会社は、システムの欠陥によって生じた交通事故による損害につき責任を負うか？

Ｑ8　データ提供者は不完全な提供データによって生じた事故の責任を負うか？

> **Q**　自動車に搭載されたシステムは、自動車を走行させるため、外部からリアルタイムで様々なデータを取得し、自ら検知した情報を補完させることで、より高精度に周辺環境を認知できるように設計されています。このように予定された外部データが提供者側の帰責事由により不完全な状態で提供された場合、これによって生じた事故の責任は誰が負うことになるのでしょうか。

結　論

①　外部提供データが不完全であったことにより交通事故が発生した場合、データ提供者は事故当事者に対しては損害賠償義務を負わない可能性が高い。

②　外部提供データが不完全であったことにより交通事故が発生した場合、データ利用契約の内容によっては、データ提供者が自動車メーカーに対して債務不履行責任を負うことは十分想定し得る。

考　察

1　データ提供者の車両所有者に対する契約上の責任

(1)　データ提供者の債務

　データ提供者と車両所有者との間では、自動車購入後サービス開始時に、ユーザー登録することで、データの提供を受ける契約を締結し、当該契約に基づいてデータ提供者がリアルタイムでデータを送信します。例えば、現在ほとんどの自動車にカーナビゲーションが搭載されていますが、所定の方法でユーザー登録することで、以後、地図情報の更新を無償で受けられるサービスが一般化しています。

(2)　データ提供債務の不履行と事故による損害との因果関係

　データ提供者が、その責めに帰する事由（又は故意・過失）により、このデータ提供債務を履行できなかった場合、必要なデータが得られなかったことが原因で交通事故が発生してしまうと、データ提供者はこの事故によって事故当事者の被った損害を、債務不履行責任（又は不法行為責任）に基づいて賠償する義務を負うのでしょうか。

　この点、考慮が必要なのはシステム設計の冗長性です。冗長性とは、システムの一部に何らかの障害が発生した場合に備えて、障害発生後でもシステム全体の機能を維

持し続けられるように、予備装置を平常時からバックアップとして運行しておくことをいいます。地図情報を例にとって考えてみますと、**第2章第2　2(2)**で見たように自車位置の認知には、地図情報に現在地を落とし込むことを前提としつつも、地図情報が必ずしも最新でない場合を想定して、地図の更新と自車位置の推定を同時に行うSLAMという技術が用いられています。これも冗長性設計の一つといえます。自動運行装置一般の保安基準において、冗長性をもって設計されていること（保安基準細目告示72の2）は要件とされており、各技術に関する保安基準・技術基準においても、冗長性を持たせるための具体的な設計基準が定められています。

　また、冗長性設計とは別に、外部提供データが不完全な場合には、システムの作動条件から外すという設計も考えられます。そもそも、一定の外部提供データが完全に取得できる場合のみ作動するシステムとして搭載されることで、データの不完全性による事故を防止しようというものです。自動運行装置との関係でいえば、走行環境条件として、外部取得情報と車両が検知した情報とが一致していることを設定することで、当該取得したデータが不完全だった場合、自動運行装置の作動が停止するということになります。

　以上のように、システムの設計により、外部提供データの不完全性については、安全対策が可能であり、それが求められているのですから、外部提供データが不完全であったことで事故が発生した場合は、システムが通常有すべき安全性を欠いていたといえます。同様の指摘が「自動走行の民事上の責任及び社会受容性に関する研究」報告書（株式会社テクノバ、2020年3月）にも記載されています。したがって、あくまでシステムの欠陥によって生じた事故といえますので、自動車メーカーがPL法上の責任を負うべき事案と考えられ、データ提供者の債務不履行があったとしても、当該事故によって生じた損害との間には相当因果関係が認められない可能性が高いと考えられます。

2　データ提供者の自動車メーカーに対する契約上の責任

(1)　データ提供者の債務

　自動車メーカーは、自社が製造する運転支援・自動運転システムを構成する一つの要素として、特定のデータ提供者がサービスとして提供するデータを利用する契約を、当該データ提供者と締結します。データ提供者はこの契約に基づいて、契約中で指定された範囲の自動車に対して、データを送信する債務を負っていることになります。

(2)　データ提供債務の不履行と自動車メーカーのPL法上の責任との関係

　データ提供者が、その責めに帰する事由により、このデータ提供債務を履行できなかった場合、必要なデータが得られなかったことが原因で交通事故が発生してしまうと、データ提供者はこの事故によって自動車メーカーの被った損害を、債務不履行責

任に基づいて賠償する義務を負うのでしょうか。

　ここでは、上記1とは異なる考慮が必要です。というのも、事故当事者との関係では、システムは冗長性をもって設計されなければならず、外部提供データが不完全というだけで事故を発生させてしまえば、システム製造者である自動車メーカーが安全対策を欠いていたことになりますが、自動車メーカーとデータ提供者は、いわば共に協力してシステムの安全性を構築しなければならない立場にあります。この両者間の契約において一方の債務不履行によって他方に損害が発生したのですから、契約の中でどの程度のデータの正確性を保証しているか等具体的な契約内容にもよりますが、相当因果関係を肯定する方向に働きやすいのではないかと考えます。

Q9　自動車販売会社は、システムの欠陥によって生じた交通事故による損害につき責任を負うか？

> **Q**　自動車販売会社には、買主であるユーザーに対して欠陥のない自動車を引き渡すという売主としての債務を負っていますが、システムの欠陥によって交通事故が発生した場合、この債務を履行していなかったとされる可能性があります。この場合、どのような責任を問われるのでしょうか。

結　論

① 　PL法上の欠陥が認められる場合、販売会社は、買主である自動車所有者に対し、民法566条による債務不履行責任を負う。
② 　販売会社の説明義務の内容については、PL法における指示警告上の欠陥と同様の考慮によって判断することができる。

考　察

1　システムの欠陥＝契約内容との不適合（民566）

　民法566条の「品質に関して契約の内容に適合しない」とは、売買契約の目的物が契約当事者間で合意した性状を備えていないことをいいますが、自動車を購入する際、システムの性状について特定の取決めをすることは通常ありませんので、自動車販売会社とユーザーとの合意内容を合理的に解釈すれば、「通常有すべき安全性を備えたシステムを搭載していること」が契約当事者間で合意した自動車の性状といってよいと考えられます。したがって、購入した自動車でシステムの欠陥により交通事故を生

じさせた場合で、自動車メーカーにPL法上の責任が認められるような場合は、販売会社にも民法566条による債務不履行責任を負うことになります。

2　指示警告上の欠陥と売主の説明義務違反との関係

　自動車売買契約における売主の自動車引渡債務に付随する債務として、販売会社は、買主であるユーザーが当該自動車を安全に利用するために必要な情報提供を行う義務（説明義務）があると考えられています。そして、この説明義務の履行は、民法415条の「債務の本旨に従った履行」に含まれると解され、その不履行によってユーザーに損害が生じた場合には賠償する責任が生じます。運転支援・自動運転システムにおける販売会社の説明義務の範囲をどのように考えるべきかが問題ですが、「自動走行の民事上の責任及び社会受容性に関する研究」報告書（株式会社テクノバ、2020年3月）では、販売会社の説明が不十分である場合の債務不履行のケースについても、法的な取扱いは区別しつつ、PL法における指示警告上の欠陥と同様に検討すべきとの指摘がなされています。具体的には、自動車メーカーの作成した取扱説明書を参照するよう促し、そのうち安全対策の関係で重要な内容については売買契約時に確認することが必要ですし、定期的な点検整備義務の内容、ソフトウエアアップデートの方法及びHMIからの警告等情報発信の方法等を説明することになると考えられます。

3　競合関係の調整

(1)　運転支援・自動運転車が被害側の場合

（ア）　人身損害の請求

　人身損害について、運転支援・自動運転車が被害者である場合の請求権者・被請求者は、それぞれ以下の表のとおりとなります。なお、請求権が混在しており、主張立証責任の関係で優劣関係がある場合は、便宜上、優先するもののみ記載しています。

請求権者	自車運転者
被請求者	相手車過失分→運行供用者責任に基づき相手車運行供用者へ請求
	自車側責任分→PL法上の責任又は不法行為責任に基づき自動車メーカー又は部品メーカーへ請求（自車運転者の過失がある場合は過失相殺されます。）

※運転支援・自動運転車を自車とし、その相手方車両を相手車と表記

論点：自動車メーカー等のPL法上の責任と不法行為責任の関係

　システムの欠陥が認められれば、同法4条の免責要件が認められない限り、自動車メーカー等は責任を負うことになります。同一の事故について、自動車メーカー等に不法行為責任も問うことになると、欠陥の存在に加えて、当該欠陥による事故発生の具

体的危険性を予見可能であったことまで、請求者側は主張立証しなければなりません。この意味では不法行為責任をあえて問う必要はありません（ただし、PL法上の責任は後述(2)(イ)の自車側物件損害についてはカバーしていません。）。

　他方で、PL法上のシステムの欠陥が認められない場合（例えば、システム作動中に通常予見される使用形態に含まれない、非常識な使用に分類されるような運転車の運転行為が介在して、事故が発生した場合等）に流通に置かれた後の実際の事故発生状況から、当該交通事故の発生を予見・回避することが可能となったような類型においては、PL法上の責任は認められないけれども、不法行為責任を肯定し得るということになります（Ｑ２の考察参照）。

　したがって、PL法上の責任は具体的危険の予見可能性を立証する必要がない代わりに、不法行為責任よりは若干カバーする範囲が限定的ととらえることができます。

　　（イ）　物件損害の請求

　物件損害について、運転支援・自動運転車が被害者である場合の請求権者・被請求者は、それぞれ以下の表のとおりとなります。なお、請求権が混在しており、主張立証責任の関係で優劣関係がある場合は、便宜上、優先するもののみ記載しています。

請求権者	自車所有者
被請求者	相手車過失分→不法行為責任に基づき相手車運転者へ請求
	自車側責任分→①　不法行為責任に基づき自動車メーカー又は部品メーカーへ請求 ②　債務不履行責任に基づき販売会社へ請求 ③　自車運転者の過失がある場合は、不法行為責任に基づき自車運転者へ請求（自車運転者が自車所有者と同一又は同一視できる場合は過失相殺されます。）

※運転支援・自動運転車を自車とし、その相手車側を相手方と表記

論点：自動車メーカー等の責任と販売会社の責任の関係

　システムの欠陥による事故が発生した場合、自動車メーカー等のPL法上の責任と並行して、販売会社の民法566条に基づく債務不履行責任又は説明義務違反を前提とする民法415条に基づく債務不履行責任を負うことが考えられます。従来、このような原因競合による請求権の併存状態は、賠償義務者間で不真正連帯債務の関係に立つと解し、民法における連帯債務の規定を一部類推適用することで処理されてきました。システムの欠陥による事故についても、異なる処理をすべき理由もありませんので、この従来の処理方法を受け継ぐものと考えるのが自然です。

(2)　運転支援・自動運転車が加害側の場合

（ア）　人身損害の請求

　人身損害について、運転支援・自動運転車が加害者である場合の請求権者・被請求者は、それぞれ以下の表のとおりとなります。なお、請求権が混在しており、主張立証責任の関係で優劣関係がある場合は、便宜上、優先するもののみ記載しています。

請求権者	相手車運転者（搭乗者又は歩行者の場合もあり）
被請求者	相手車過失分→過失相殺
	自車側責任分→①　自車運転者過失分→運行供用者責任に基づき自車所有者及び運転者へ請求 ②　システム欠陥寄与分→PL法上の責任又は不法行為責任に基づき自動車メーカー又は部品メーカーへ請求

※運転支援・自動運転車を自車とし、その相手方車両を相手車と表記

論点 ：運行供用者責任と自動車メーカー等の責任との関係

　相手車側に人身損害が発生した場合、それがシステムの欠陥による事故であったとしても、自車の運行供用者は自賠法3条に基づく責任を負います。この責任と自動車メーカー等のPL法上の責任とは、不真正連帯債務の関係にあると考えられますが、請求者側からみると、システムの欠陥を立証する必要がない以上、運行供用者の請求を先行させると考えられます。そして、運行供用者は請求者との関係では、自身の過失分に限らず、自車側責任分全額を賠償した上で、自動車メーカー等へ求償するということとなります。

（イ）　物件損害の請求

　物件損害について、運転支援・自動運転車が加害者である場合の請求権者・被請求者は、それぞれ以下の表のとおりとなります。なお、請求権が混在しており、主張立証責任の関係で優劣関係がある場合は、便宜上、優先するもののみ記載しています。

請求権者	相手車所有者
被請求者	相手車過失分→不法行為責任に基づき相手車運転者へ請求（自車運転者が相手車所有者と同一又は同一視できる場合は過失相殺されます。）
	自車側責任分→①　自車運転者過失分→不法行為責任に基づき自車運転者へ請求 ②　システム欠陥寄与分→PL法上の責任又は不法行為責任に基づき自動車メーカー又は部品メーカーへ請求

※運転支援・自動運転車を自車とし、その相手車側を相手方と表記

論点：自車運転者の責任と自動車メーカー等の責任との関係

　自車の走行態様は、自車運転者の運転行為とシステムによる運転行為とが不可分に合わさって構成されています。自車運転車の過失とシステムの欠陥が共に存在して事故が発生した場合、共同の不法行為（PL法の規定は民法の不法行為責任に関する規定の特則に当たり、大きくは不法行為責任の1類型といえます。）によって相手車所有者に損害を生じさせたもの（民719①前段、PL6）と評価すべきものと考えられます。したがって、請求者側には過失又は欠陥と損害との個別的な因果関係を立証する必要はありません。自車運転者とシステムの共同行為としての自車走行態様によって、事故が発生し、損害を被ったことを立証すれば、民法719条1項前段に基づき、いずれか一方に自車側責任分全額の賠償を求めることができると解されます。

第2　具体的な主張・立証活動（自動車メーカーに対するPL法上の責任追及）

1　請求者側の主張論理

(1)　事実上の推定ルート

(ア)　立証責任と証拠の偏在

　自動車メーカーに対するPL法上の責任追及を行う際、請求者側がどのように主張立証を行うべきでしょうか。**本章第1　2(3)で確認したように、法律上は、当該自動**車が流通に置かれた時点から欠陥が存在し、その欠陥によって事故が発生して損害を被ったという一連の事実全てについて請求者側に主張立証責任があります。

　しかし、これらの事実は請求者である事故の一方当事者にとって、自身が使用した自動車といえどもその内部構造や搭載ソフトウエアのプログラム等に関する専門的知見を有しておらず、まして設計・製造当時の情報は皆無というべきです。他方で、これらの知見・情報を自ら保有しているのが、被請求者である自動車メーカーということになり、著しい証拠の偏在が見られます。

　このような証拠の偏在は、製造物責任法理が早くから確立しているアメリカにおいては、ディスカバリ制度（及びその前段階であるイニシャル・ディスクロージャー制度）によって克服できます。ディスカバリ制度は、陪審制の事実審理（トライアル）の前段階に行われる証拠開示手続で、当事者間で証拠を見せ合うことで、双方が事実を正しく認識し、できる限り妥当な和解による解決を図ることを目的とする制度です。そして、このディスカバリ制度によって開示される証拠の範囲は、我が国における文

書提出命令の範囲とは比較にならないほど広範です。我が国の文書提出命令においては、民事訴訟法220条各号に該当する場合に限り、申立者が、文書を特定し、その趣旨・所持者・それによって証明する事実を特定しなければなりません（民訴221①）。他方、ディスカバリ制度において、連邦規則では開示の範囲について「いずれの当事者の請求又は防御に関連する、拒否特権に服しないいかなる事項についても、開示を得ることができる」と規定しており、さらに開示の申立てに際しても、個別文書の特定は必要なく、書類のカテゴリーによる要求で足りるとされています。また、ディスカバリ制度においては、証人の事前審問権が広範に認められていることも特徴です。このディスカバリ制度によって、交通事故の当事者となった一般市民個人が、自動車メーカーを相手に対等に訴訟・交渉を進めることができます。

　我が国では上記のディスカバリ制度は存在せず、基本的には自前の証拠で戦うことを余儀なくされます。そこで、この証拠の偏在による不公平を克服するために、裁判所は、しばしば事実上の推定の手法を用いて立証責任の緩和を行ってきました。ここでは、前掲の冷蔵庫発火事件に関する裁判例が参考になります。以下では、この裁判例を参考にして、運転支援・自動運転システム作動中の交通事故について、どのような事実があれば、システムの欠陥を事実上推定することができるかについて検討します。

　　　（イ）　過去の裁判例における事実上の推定論理

　ここで取り上げるのは、Ｑ２でも紹介した、PL法適用前の製造物の欠陥によって発生した事故に関する裁判例です。業務用冷凍庫の発火が原因で生じた店舗火災事故において、冷凍庫の製造過程で欠陥が生じたことを認定し、家電メーカーの不法行為責任を肯定したという事例です（東京地判平11・8・31判時1687・39）。この事案において、裁判所は、家電メーカーが製品製造過程で有していた具体的な注意義務の内容を、製品を設計、製造し流通に置く過程で、製品の危険な性状により消費者が損害を被ることのないように、製品の安全性を確保すべき高度の注意義務（安全性確保義務）とした上で、次のような論理構成から家電メーカーの注意義務違反を認定しました。

＜冷凍庫発火火災事例における家電メーカーの過失認定論理＞

	具体的事実認定	主張立証上の意義
ステップ1	安全性確保義務を尽くすためには、製品を流通に置く前に、可能な限りその安全性を確保するための調査及び研究を尽くすべきであるから、消費者が当該製品を	通常の方法での使用→損害発生の予見可能性を事実上推定

	通常の方法で使用していたにもかかわらず発生した損害について、調査、研究を尽くしても予見できなかったという特段の事情を立証しない限り、当該損害の発生についても予見可能であったと推認するのが相当。	
ステップ2	流通に置かれた時点において、当該製品について欠陥の存在が立証されれば、製造者に製品を設計、製造し流通に置くに際して、安全性確保義務違反の過失があったものと推定するのが相当。	流通に置かれた時点での欠陥の存在→安全性確保義務違反を事実上推定
ステップ3	今回の消費者の使用態様は、冷凍庫本来の使用目的に従った使用方法であるところ、それにもかかわらず、本件冷凍庫が発火し、本件火災の発生源となったものであるから、本件火災当時、通常有すべき安全性を欠いていたというべきであり、この意味で欠陥があったものといわざるを得ない。	①　本来の使用目的に従った使用方法であったにもかかわらず、事故が発生したこと→事故当時、当該製品が通常有すべき安全性を欠いていたことを事実上推定 ②　通常有すべき安全性を欠いていたこと＝欠陥
ステップ4	消費者が、本来の使用目的に従って製造物を使用し、事故が発生した場合において、その時点で製造物に欠陥が存在したときは、特段の事情の認められない限り、製造物が流通に置かれた時点において、欠陥が存在していたものと推認することが相当。	事故当時、当該製品に欠陥が存在したこと→当該欠陥が流通に置かれた時点から存在していたことを事実上推定

　上記裁判例における欠陥の定義がPL法上の欠陥の定義と一致しているところは押さえておきつつ、PL法上の責任との関係では、損害発生の具体的な予見可能性は要件ではありませんので、上記の表のうち、ステップ3、4の論理過程が参考になるものと考えられます。

　（ウ）　PL法上の「欠陥」立証への応用

　（ⅰ）　事故当時の欠陥存在の推定（上記ステップ3）

　上記裁判例では、本来の使用目的に従った使用方法であったにもかかわらず、事故が発生したことを前提事実として、事故当時の欠陥の存在を推定しています。この点、自動車事故に関しては、運転者の運転方法が原因で生じる可能性を常に有していると

いうことを考慮しなければならないというのは、Ｑ2の考察でも触れたとおりです。PL法2条2項における「当該製造物の特性」「その通常予見される使用形態」の考慮要素との関係でも、運転者の過失がない又はシステム設計上予見可能かつ対処を要する程度にとどまっていたことまで前提事実として立証が必要と考えられます（Ｑ7の考察参照）。

（ⅱ）　流通に置かれた時点での欠陥存在の推定（上記ステップ4）

　上記裁判例では、事故当時の欠陥の存在を前提事実として、流通に置かれた時点からの欠陥の存在を推定しています。この裁判例においては、事故時の欠陥の存在自体から何ら留保なく流通に置かれた時点での欠陥の存在を推定していますが、これは基本的には、家電製品に購入後ユーザー側の点検整備が予定されていないことが影響していると考えられます。他方、自動車においては、ユーザー側に一定の点検整備が法律上も課されています。したがって、流通に置かれた時点の欠陥の存在を推定するには、ユーザー側に課されている点検整備義務を尽くしていたことが立証される必要があると考えます。PL法2条2項の考慮要素との関係でも、このように考えることが他の裁判例とも整合すると考えられます（Ｑ7の考察参照）。

（ⅲ）　まとめ

　以上から、本書の帰結としては、請求者が、システム作動中に生じた事故について、①運転者の過失がない又はシステム設計上予見可能かつ対処を要する程度にとどまっていたこと、及び②ユーザー側に課されている点検整備義務を尽くしていたことを主張立証すれば、当該自動車が流通に置かれた時点の欠陥の存在が事実上推定されると考えます。

（2）　立証積上げルート

（ア）　立証対象の確認

　次に、事実上の推定を使わずに欠陥の存在を主張立証する場合について検討します。主張立証しなければなならない事実は、当然のことながら、運転支援・自動運転システムを搭載した当該自動車が、通常有すべき安全性を欠いていたことで、事故が発生したということです。ここで、確認しておくべきは欠陥の立証には必ずしも事故原因の科学技術的な究明は必要ないということです。我が国のPL法に親和的な消費者期待基準によって、通常有すべき安全性を欠いていたことの具体的な意味を考察した場合、当該自動車が流通に置かれる時点のセンサー技術の水準を基に検知可能な事情を前提として、当該事故が合理的な運転者によって予見可能であれば、システムによって回避されるべきであって、通常有すべき安全性を備えていなかったと評価してよい

と考えることができます（私見）（Ｑ７の**考察**参照）。以下では、この事実を立証するためにどのように論理を組み立てるべきか、検討します。

（イ）　主張立証のための論理構成

（ⅰ）　事故発生の当時の状況

まず、システムによる判断の前提となる検知すべき自車状態及び車外環境を特定するため、事故発生当時の事故場所の状況及び双方車両の走行態様等をできる限り正確に立証する必要があります。

（ⅱ）　搭載センサーにより検知可能な事実の特定

その上で、（ⅰ）の事実のうち、事故当時作動していたシステムを構成するセンサーによって、技術的に検知可能であったはずの事実を絞り込みます。ここでの検討過程において、各システムの保安基準や技術基準において、どのような精度での検知（又は認知）が求められているか参考になります。

（ⅲ）　（ⅱ）の事実を前提とした本件事故の予見可能性

そして、（ⅱ）の事実を前提にした場合、合理的な運転者にとって、今回の事故発生が予見可能であったか、また予見可能となったのはいつの時点かを考えます。この際、システムの操作によって当該事故を回避することを想定していますので、人間の反応にかかるタイムラグは考慮する必要はありません。ただ、各システムの保安基準や技術基準において、システムによる操作の反応速度について具体的な数値に基づいて規定されている場合がありますので、これらの資料は参照する必要があると考えられます。したがって、システムによって技術的に回避行動が可能とされているタイミングでこの予見可能性が認められるかを考えるということになります。

（ⅳ）　予見不可能な場合の代替設計

（ⅲ）の考慮の結果、予見不可能と考えられる場合、今回作動したシステムと同様の機能のシステムを構成するセンサーとして、技術的により精度の高いセンサーを搭載することができたのではないか、また、そのようなセンサーが搭載されていれば、当該事故を予見することが可能だったのではないかという点を検証しなければなりません。ここでは、同じメーカーの別車種、又は他のメーカーの車両に搭載されている同様の機能を有するシステムが参考となります。ただし、この代替設計の可能性を検証する際には、当該自動車が流通に置かれた時点の技術を前提としなければならないことに注意が必要です。

（ⅴ）　予見可能な場合におけるユーザー側の過失介在の有無

上記（ⅲ）又は（ⅳ）の考慮の結果、予見可能性が肯定される場合、システムと運転者との共同作業としての運転行為の結果として、事故回避義務違反があったと考えられ

ますが、その責任の全部又は一部をシステムの欠陥があったとして自動車メーカーに帰責できるかは、これに対するユーザー側の過失の影響があったか否かが重要なファクターになります。ここでいうユーザー側の過失とは、運転者の運転行為に係る注意義務違反のみならず、使用者に課せられる点検整備上の注意義務違反も含まれます。

　　（vi）　ユーザー側の過失が予見可能な誤使用に含まれるか

　そして、運転者の運転行為に過失が認められる場合には、当該過失が予見可能な誤使用、つまりシステム設計上予見可能かつ対処を要する程度にとどまっていたこと（Q7の**考察**参照）といえるか否かを検討することになります。ここでの（v）及び（vi）の主張立証は、上記(1)の事実上の推定ルートをとる際に、請求者側が主張立証すべき内容と同様のものと考えることができます。

　　（vii）　事故発生の危険性について十分な指示警告がなされていたか

　さらに、ユーザー側の過失が認められ、その程度が予見可能な誤使用の限度にとどまるものと考えられる場合、事故が発生した以上、システムの製品構造上の設計又はこれに沿った製造によっては、リスクを予防できなかったということになりますので、それ自体がシステムの欠陥と考えることができる一方で、残存リスクとして十分な指示警告がなされていたかという点も重要となります（Q7の**考察**参照）。

　　（ウ）　実際の訴訟追行

　　（i）　訴訟提起段階における概括的な主張立証

　立証積上げルートでの主張立証を行う場合でも、上記(イ)(ii)～(iv)の立証には、当該自動車の設計に係る証拠が必要であり、上述したような著しい証拠偏在の下では、訴訟提起段階で十分な証拠に基づく主張を完成させることはほぼ不可能と考えられます。したがって、本件事故発生に係る状況を主張立証し、その全てをセンサーによって検知することができたはずであると仮定した上で、その仮定を前提に本件事故発生が予見可能で、ユーザー側の無過失又は運転者の過失があったとしても予見可能な誤使用の限度にとどまることを主張し、事故発生を予防する措置として実際に受けた指示警告が不十分であったことを主張することになると考えられます。

　　（ii）　求釈明と文書送付嘱託の利用

　訴訟提起段階では、上記のような概括的な主張立証にとどめ、自身に主張立証責任において足りない事実や証拠は、まずは審理内において求釈明や文書送付嘱託等の任意の情報開示を求めていくことにならざるを得ません。ただ、開示を依頼する文書の特定は必要ですし、被請求者である自動車メーカー等には開示のメリットも義務もありませんので、自身の製品開発に関する最も秘匿性の高い企業秘密を任意に開示するとは考え難いです。ですので、このような任意の方法で有用な証拠が開示されること

はほぼ期待できないと思われます。

　　　　（ⅲ）　証人尋問と文書提出命令の限界

　そこで強制力を伴う証拠収集の方法として、証人尋問（民訴190）又は文書提出命令（民訴219）の申立てを行うことになります。しかし、これらの手続においては、開示を要求する証拠を他と識別できる程度まで特定することが必要ですし、要証事実との関連性を示し、開示の必要性を申立者が疎明しなければなりませんので、およそ探索的な証拠開示請求は許されていません。また、いずれの手続においても、技術又は職業上の秘密に関する事項について、証言を拒絶し（民訴197三）、これが記載されている文書の提出を拒むことができます（民訴220四ハ）。また、文書提出命令は、民事訴訟法220条に限定列挙された文書に該当するものについてのみ認められますので、上述の証拠偏在の状況を克服し、請求者側に訴訟を闘うのに十分な証拠へのアクセスを保障することはやはり見込めないと考えられます。したがって、上述(1)の事実上の推定ルートをとらずとも、少なくとも上述（ⅰ）で記載した概括的な主張事実の立証に成功すれば、欠陥の存在が事実上推定されると解されなければ、我が国の訴訟手続上、この不均衡を是正することはできないと思われます。

2　請求者側の証拠収集

　請求者側の主張論理を以上のように捉えると、請求者側が自ら収集すべき証拠は、可能な限り正確な事故状況を再現する証拠、事故当時のシステムの作動状況に関する証拠及び運転者の行動に関する証拠ということになります（このほか、自動車や搭載されているシステムの取扱説明書、自動車検査証等も必要な証拠と考えられます。）。事故状況の再現は、事故日時及び場所の特定、当時の事故場所付近の状況の再現及び当事車両の走行態様の再現の過程に分けられ、それぞれについて証拠を収集することが必要です。

　従来の交通事故事案における事故状況の再現は、「車両走行態様＝運転者の運転行動」であることを前提に、当事者間の供述が一致せず争いのある事情について、客観証拠をよりどころにしていずれの供述が信用できるか合理的に評価し、事故状況を推察するという作業でした。しかし、システム作動中の事故の場合、必ずしも「車両走行態様＝運転者の運転行動」との前提は成り立ちません。車両走行態様を再現するためには、運転者の運転行為とシステムの作動状態のそれぞれに関する客観証拠を比較し、いずれの操作が車両の走行態様として現れたか分析しなければなりません。また、そのような走行態様となったことに運転者の作為・不作為がどのように介在しているか、つまり運転者の注意義務違反の有無を評価するためには、さらに、HMIの作動状

態や当時の運転者の状態を把握する必要があります。

　したがって、供述証拠と客観証拠を区別し、それぞれの役割を把握しながら、証拠価値を評価することが必要となります。以下では、要証事実ごとに供述証拠と客観証拠にどのようなものがあるか、またどのように獲得するかを考察します。

　（1）　事故日時及び場所

　　（ア）　供述証拠

　事故の日時及び場所は、どの程度までの誤差を許容するかにもよりますが、基本的には双方運転者の供述が信用できるものと考えられます。事故直後に行った警察、保険会社やレッカー業者との通話の履歴を確認することで、記憶を喚起することができますし、事故報告を受けた警察官が、双方運転者から聴き取った事故日時（月日及び時刻（分刻み））及び場所（直近の住所内）を各都道府県の自動車安全運転センターが発行する交通事故証明書で確認することもできます。ゆえに、この程度の精度で事故の日時及び場所を明らかにするためには、双方運転者の供述でも十分と考えられます。

　他方で、例えば交差点内の事故について、交差点内のどの地点で車両が衝突したか等、更に高い精度で事故場所を明らかにしたい場合は、交通事故証明書では足りません。双方運転者の供述内容が一致していれば、ある程度その信用性は高いとも考えられますが、具体的な衝突地点は、運転者自身がはっきりと知覚できていないことも多いですし、道路上や駐車場内などの他の車両が行き交う場所での事故では、衝突したままの位置で当事車両が停止していることはまれですので、状況を保全して記憶にとどめる時間が十分にありません。事故報告を受けた警察官は、双方運転者から詳しく事故状況を聴き取るので、その内容を物件事故報告書又は実況見分調書等（詳しくは後記(5)(ア)参照）から確認することはできますが、高い精度での事故場所の特定には供述証拠のみでは不十分な場合も多いと考えられます。

　　（イ）　客観証拠

　　（ⅰ）　運転者撮影画像

　交通事故の当事者となった運転者又は搭乗者等が、衝突した直後の状況を携帯電話のカメラ等で撮影し、保存している場合があります。突然、交通事故という非日常的な事態に直面した当事者に対して、冷静に事故状況を撮影して保全することを要求するのは酷ですが、このような撮影画像が残っていれば、衝突地点のみならず、衝突時の各車両の位置関係や損傷の整合性等について、当事者間で争いにすることなく、早期解決に向けた交渉が始められる可能性があり、とても有力な客観証拠といえます。

　　（ⅱ）　ドライブレコーダー映像

　ドライブレコーダーは、通常、フロントガラスやダッシュボード上に後付けで設置

される、可視光カメラの撮像映像を記録するもので、衝撃の手前約10秒〜数秒から衝撃後数秒〜10秒程度までの間の映像を内蔵SDカードや独自のクラウドストレージに保存しているのが一般的です。車両前方の状況のほかに、車両内部及び後方を撮像できるものもあり、走行環境の記録に加えて運転者状態の記録の用途にも使用されています。

　貸切バスについては、2016年1月に発生した大型観光バスの道路外転落事故を契機に装着義務化の機運が高まり、2017年12月以降の新車（登録者については2019年12月以降）より装着が義務化されました。そのほかの車両については、現状装着の義務化はされていませんが、ハイヤー・タクシーにおける装着率は全国平均88.4％（一般社団法人全国ハイヤー・タクシー連合会統計調査「ドライブレコーダー導入状況」(2020年3月31日現在))、商用トラックにおける装着率は全国平均74.4％（公益社団法人全日本トラック協会「平成26年度ドライブレコーダーの導入効果に関する調査報告書」(2015年3月))、乗合・貸切バスにおける装着率は全国平均89.0％（公益社団法人日本バス協会「2019年度版日本のバス事業」(2019年3月)）と事業用車両では高い普及率を誇っており、家庭用乗用車においても装着率は全国平均45.9％（国土交通省自動車局保障制度参事官室「国土交通行政インターネットモニターアンケート　自動車用の映像記録型ドライブレコーダー装置について」(2019年11月国土交通省実施アンケート結果)）と年々上昇しています。

　ドライブレコーダーに記録される情報については、市販されているすべての機種に対する基準は定められていませんが、貸切バス事業者に装着を義務付けているドライブレコーダーの記録情報は、国土交通省の「ドライブレコーダーにより記録すべき情報及びドライブレコーダーの性能要件を定める告示」(平成28年国土交通省告示1346号）の2条1項で次のように定められています。

＜貸切バスに設置を義務付けるドライブレコーダーの記録情報＞
①　自動車の前方の映像（運転者席より前方であって車両中心線付近に備え付けられた前方用カメラにより撮影される自動車の進行方向の映像）
②　自動車の運転者等の映像（運転者用カメラにより撮影される運転者の挙動、変速装置及びかじ取ハンドルの映像）
③　自動車の瞬間速度
④　自動車の加速度（道路に平行な平面における自動車の進行方向、当該平面における自動車の進行方向と直交する方向及び当該平面に直交する方向の加速度）
⑤　警報音（車線逸脱警報装置その他の当該自動車に備え付けられている装置が安全を確保するために運転者に対して発する警報音）

⑥　日付及び時刻

※加速度2.5m/s²以上の衝撃の前後10秒以上の間の上記①〜⑥の記録を容易に抽出できる
　機能を備えることが必要とされています。

　以上のような視覚情報を中心とする様々な走行環境情報が記録されていますので、現在も交通事故事案において、信号機の色、相手方車両のヘッドライト点灯の有無、指示器の有無やタイミング、急ブレーキ・急ハンドルの有無、一時停止場所での一時停止の有無や停止の時間、減速の有無やその程度・タイミング、走行位置、接触の有無やその位置、衝突物の視認可能性、道路周辺の状況等幅広い事故状況を構成する事実の立証に使用されています。自動運転車の事故においても、**第２章第１　２(1)でも見たように、車外の視覚情報を記録する媒体はドライブレコーダーしかないため、引き続き事案解決のために重要な役割を担うことは間違いありません。このようなドライブレコーダーの有用性から、ドライブレコーダーを装着する自動車保険商品も登場しています。

　ただし、ドライブレコーダーの記録映像は、そのカメラの構造から中心部から端側に向かうごとに歪みが大きくなってきますので、当該映像から事故状況を再現する際には、カメラの画角や歪みの度合を実験によって測定し、その値を考慮に入れることが必要です。また、ドライブレコーダーは、事故発生から記録媒体の取出し・確認までに、長期間経ってしまうと、その間に修理の際のドア・ボンネットの開閉等の衝撃で保存可能データ量の上限を超えてしまうことがあり、上書きによって事故時の映像データが消失してしまいます。このような事態に陥らないように、ドライブレコーダーが設置されている場合、修理のために入庫する前の段階で、SDカード等の記録媒体を確認し、事故時の記録データを保全しておくことが望ましいです。

（ⅲ）　防犯カメラ映像

　事故場所周辺の官公庁や私有地において、特に建物・駐車場の出入口周辺に防犯目的で、録画機能付きカメラが設置されていることがあり、偶然その設置角度によって、交通事故の状況が映り込んでいる場合があります。この場合に、当該カメラの管理者より、任意に保存映像を開示してもらえることができれば、数少ない視覚情報証拠ですので、事案解決の有力な証拠になる可能性があります。衝突場所、周囲の状況や車両走行態様について、当事者間に大きな見解の隔たりがあり、いずれの車両にもドライブレコーダーが装着されていない場合には、事故場所に向けて設置されている防犯カメラが周囲にないか探索してみることも必要です。

　ドライブレコーダーが交通事故等が発生した場合に、その状況を記録・保全することを目的として車両に装着されているものであるのと異なり、防犯カメラは、基本的

には建物等の防犯目的で設置されているものですから、記録された映像データが、当然に交通事故事案の解決に用いてよいということにはなりません。防犯カメラの設置又は管理の方法については、各都道府県の生活安全条例（名称は各都道府県により若干の違いがあります。）に基づいて指針・ガイドラインが示されている地域が多いです。例えば愛知県では、愛知県安全なまちづくり条例に基づき、2013年3月に発表された「防犯カメラの設置及び運用に関するガイドライン」において、次の例外を除いて撮像した画像の設置目的以外の利用や他者への閲覧・提供を禁止するよう配慮すべきとしています。

＜愛知県ガイドラインにおいて例外的に画像提供を認める場合＞
①　法令に基づく場合
②　公共の利益のために緊急の必要性がある場合
③　捜査機関等から犯罪・事故の捜査等のため閲覧を求められたことに対して、協力する必要がある場合
④　画像から識別される本人の同意がある場合又は本人に提供する場合

　防犯カメラの提供は、当該管理者の任意によるものですので、このような公共団体の指針に従って、少なくとも当該映像データの証拠としての有用性を説明し、事故当事者の同意書又は委任状を提示した上で、開示を依頼することが必要でしょう。また、店舗等に設置されているものには、1週間から長くとも1か月程度で上書きされ古い映像データが消失する仕様のものが多いですので、防犯カメラの探索は事故後可能な限り早期に行い、事故状況を撮像している可能性のある防犯カメラが存在する場合は、速やかに管理者に連絡をとって、上記の開示依頼をする必要があります。仮に弁護士法23条の2に基づく照会を行う等一定の手続を開示要件として提示された場合には、事故日時を伝え、当該時間帯の映像データを保管してもらうよう依頼しておく必要があることにも注意しなければなりません。

　　　（ⅳ）　コネクテッドカーの可能性
　EDR（詳細は後記（3）（イ）（ⅲ）参照）は、視覚情報以外の車両操作状況を記録する重要な客観証拠ですが、そこに記録されている情報はGNSS等から取得する位置情報と紐付けられていません。したがって、EDRに記録された衝突イベントが地球上のどの座標で発生したものかという点を導き出すことはできません。

　しかし、「CASE」のC、コネクテッド技術と連関することによって、EDRに記録された衝突イベントの情報と位置情報とが紐付けられて、記録される可能性があります。というのも、既に市販されているサービスの一つに、車両が衝突によるエアバッグの作動を検知した場合に自動的に事故場所等を通報するサービス（事故自動通報システム＝ACN：Automatic Collision Notification）があります。これはエアバッグのECU内

に設置されたEDRの記録した衝突イベント情報と位置情報が紐付けられ、電話回線で車外とつながる技術を実現したものといえます。ですので、この通報記録を保存することにより、EDRの衝突イベント情報が位置情報と紐付けられた形で証拠化することが、技術的には可能と考えられます。

　　(2)　当時の事故場所付近の状況

　　　(ア)　供述証拠

　事故当時の付近の状況については、その情報の更新頻度に応じて、次の4階層に分類できます。

＜事故場所付近状況に関する情報の階層分け＞

①　静的情報（更新頻度1か月～1日単位）

　＝道路や道路上の構造物、車線・路面情報など

②　準静的情報（更新頻度1時間単位）

　＝交通規則や道路工事の予定、広域気象予報情報など

③　準動的情報（更新頻度1分単位）

　＝交通事故情報、交通規制情報、渋滞情報や狭域気象情報など

④　動的情報（更新頻度1秒単位）

　＝周辺車両情報、周辺歩行者情報や信号機情報など

　このうち、動的情報以外の事故場所付近の状況に関する情報は、更新頻度はそう高くありませんので、双方運転者が事故の前後で認知するのに十分な余裕はありますし、通報により現場に急行した警察官においても確認することが可能な情報ですので、事故の日時・場所と同様、当事者間で供述の不一致は起こりにくいです。

　他方で、動的情報については、信号色や第三車両の存在等、事故発生の直接的な要因となった情報である可能性が高いですし、再確認の極めて困難な情報ですので、当事者間で激しく争いになる場合があります。このような場合には、客観証拠を用いた供述の信用性立証が求められます。加えて、運転者から複数回にわたって供述を聴取し、それらが自己矛盾や変遷なく一貫しているかという点も検討しなければいけません。通常、双方運転者が最初に自身の記憶を語るのは、事故発生直後に警察官に事故報告する際ですが、現場で実際の位置を指示しながら説明することが多く、この際の供述内容は物件事故報告書又は実況見分調書等（詳しくは後記(5)(ア)参照）の形で捜査記録となります。いずれも弁護士法23条の2に基づく照会を経由して、物件事故報告書は管轄警察署より、実況見分調書は管轄検察庁より開示を受けることができます。開示を受けるまでに運転者から聴き取っていた内容と開示された捜査記録に記載された内容とが異なっていないかをじっくり検討する必要があります。

　（イ）　客観証拠

　（ⅰ）　ドライブレコーダー／防犯カメラ映像（静的情報～動的情報）

　事故当時の事故場所付近の状況のうち、動的情報に関して当事者間に供述の不一致
があった場合、ドライブレコーダーや防犯カメラの記録映像が残っていれば、事案解
決のための決定的な証拠となる可能性があります。また、動的情報以外の情報につい
ても、争点となることは比較的少ないですが、これらの記録映像が有用であることは
間違いありません。

　ただし、ドライブレコーダーは、事故発生から記録媒体の取出し・確認までに、長
期間経ってしまうと、その間に修理の際のドア・ボンネットの開閉等の衝撃で保存可
能データ量の上限を超えてしまうことがあり、上書きによって事故時の映像データが
消失してしまいます。また、防犯カメラも、店舗等に設置されているものには、1週間
から長くとも1か月程度で上書きされ古い映像データが消失する仕様のものが多いで
す。

　なお、ドライブレコーダーや防犯カメラの詳細については、上記(1)（イ）をご参照く
ださい。

　（ⅱ）　地図情報（静的情報）

　事故場所付近の状況のうち最も基礎的な情報が、地図情報です。静的情報ですので、
基本的に事故日時で特定した地図情報を取り付ける必要はなく、Googleマップで事故
場所の航空写真を閲覧するだけで基本的には足ります。また、DMP社が既に高速道
路と自動車専用道路のHDマップの整備を完了していますので（**第1章第3　3参
照**）、今後の一般道も含めたHDマップの整備状況次第では、事故場所のHDマップを
抽出して、より精度の高い地図情報として証拠に使用されることになるかもしれませ
ん。

　（ⅲ）　標示や標識等の確認（準静的情報）

　事故場所付近の交通規則等については、最も確実なのは、事故後現場で標示や標識
を見分することですが、Googleマップのストリートビューで代替することはできます
し、DMP社が有している道路の点群データから標識・標示情報も抽出した地図情報を
生成して、証拠に使用することも可能となるのではないかと想像します。

　（ⅳ）　気象データの確認（準静的／準動的情報）

　事故当時の気象データは路面状態を推察するのに必要な情報ですし、システムによ
る走行中の事故の場合、当時の気象条件がシステムの作動環境に適合していたか、セ
ンサーの検知機能に何らかの影響を及ぼしたか等について検討する材料となります。
気象庁のホームページでは、日付と各都道府県内に複数ある観測点を指定すると、そ
の日の10分ごとの気象データを閲覧することができます。ここでは、気圧・降水量・

気温・相対湿度・風向・風速・日照時間等の記録が確認できます。

　　　（ⅴ）　道路工事情報／交通規制情報の確認（準動的情報）

　事故場所付近で道路工事や交通規制が実施されていると、渋滞、迂回や片側通行などが発生し、周囲の交通に影響が生じます。このような特異な交通状況下では交通事故が発生しやすく、どの位置でどのような工事がされていたかという点は確認しておく必要があります。道路の管理は国又は地方公共団体が管理しており、国が管理している国道の工事情報は国土交通省の各地方整備局のホームページで確認することができます（ただし、閲覧時の情報しか掲載されていませんので、閲覧時に完了している工事については確認することはできません。）。また、地方公共団体が管理している都道府県道や市区町村道については、各地方公共団体の所管部署のホームページに掲載されている場合があります。また、全国の交通規制情報は公益財団法人日本道路交通情報センター（JARTIC）のホームページで確認することができますが、こちらも閲覧時の情報しか掲載されていませんので、事故当時の交通規制については、管轄警察署に問い合わせるのが確実です。

　　　（ⅵ）　信号サイクルの照会（動的情報）

　動的情報の中でよく立証困難な争点となるのが、信号色です。事故当時の対面信号の色は、ドライブレコーダー等の映像証拠がなければ直接立証することはできません。映像証拠がない場合は、事故当時の信号サイクルと各車両の走行態様や他の客観証拠と照らし合わせて、いずれの運転者の供述が信用できるか推察するしかありません。信号サイクルは、実際に現地で計測することはできますが、計測時のサイクルと事故時のサイクルが同一とは限りません。より正確な信号サイクルの情報を得るためには、管轄の警察に対し、弁護士法23条の2に基づく照会を行います。

　(3)　車両走行態様

　　（ア）　供述証拠

　基本的に運転者は、自車走行中の周辺の状況に注意し、安全を確認すべき義務があります。したがって、事故当時の双方車両の走行態様を認知し、供述することが可能なはずです。警察への事故報告時の供述内容は物件事故報告書又は実況見分調書等（詳しくは後記(5)(ア)参照）の形で捜査記録となります。いずれも弁護士法23条の2に基づく照会を経由して、物件事故報告書は管轄警察署より、実況見分調書は管轄検察庁より開示を受けることができます。

　ただし、運転自動化レベル3のシステム（自動運行装置）作動中においては、周辺環境注視義務が免除されていますので（**第1章第1　5参照**）、相手車の走行態様のみならず、自車の走行態様もはっきりとは把握していない可能性があります。

（イ）　客観証拠

（ⅰ）　ドライブレコーダー／防犯カメラ映像

　事故当事車両の走行態様を確認する上でも、ドライブレコーダーがいずれかの車両に装着されていたり、周囲に事故状況を撮像していた防犯カメラが設置されていたりした場合には、その記録された視覚情報はとても有用です。ただし、ドライブレコーダーは、事故発生から記録媒体の取出し・確認までに、長期間経ってしまうと、その間に修理の際のドア・ボンネットの開閉等の衝撃で保存可能データ量の上限を超えてしまうことがあり、上書きによって事故時の映像データが消失してしまいます。また、防犯カメラも、店舗等に設置されているものには、1週間から長くとも1か月程度で上書きされ古い映像データが消失する仕様のものが多いです。ゆえに、視覚情報記録がない場合にも、事故当事車両の走行態様を推察できる客観証拠を少しでも多く収集することが重要です。

　なお、ドライブレコーダーや防犯カメラの詳細については、上記(1)(イ)をご参照ください。

（ⅱ）　車両損傷の位置、入力方向、程度等

　車両損傷は、交通事故において必ず確認可能な客観証拠です。事故当事車両の装備・仕様によっては、唯一の客観証拠である場合も多いので、損傷状況からできる限りの情報を読み取ります。双方車両の損傷位置から衝突の瞬間における車両の位置関係を推察し、双方車両の対応する損傷の状況を見比べて、損傷がいずれの方向から入力されているか、損傷の深さがどの程度まで及んでいるか等観察して、衝突の瞬間の相対速度を推認します。ただ、あくまで衝突の瞬間の状況を推認できるにとどまりますので、衝突前の各車両の走行態様を直接導き出せるわけではありません。有力な客観証拠ではありますが、車両損傷状況を偏重することは危険です。

（ⅲ）　イベントデータレコーダー（EDR）

　イベントデータレコーダー（EDR：Event Data Recorder）とは、主にエアバッグ展開を司るECUに内蔵された記録装置で、エアバッグの作動状況を確認する目的で、衝突イベント前後の様々な車両状態に関するデータが記録・保存されている装置です。アメリカ合衆国で普及し、我が国においても徐々に搭載され始め、現在、ポルシェ等一部のメーカー・車種を除き、市販されているほとんどの車種に搭載されています。元々エアバッグの作動状況を確認するために搭載されたものでしたが、車両の走行態様に関する詳細な記録が残されていることから、事故状況の再現に有用で、アメリカでは広く交通事故訴訟において証拠として使用されています。この有用性から、世界的な搭載の義務化・記録項目の画一化に向けて、2019年6月より国連の自動車基準調和世界フォーラム（WP29）で協議が行われているところです。我が国は、イギリスと共

に、このWP29の中の自動運転分科会において議長国を務めています。

（出典：BOSCH「CDR/EDR発表資料」）

　イベントデータレコーダーは、常時、車両走行態様に関する情報を記録しており、エアバッグ展開の有無にかかわらず、1.5G（カーブ走行していて縁石に乗り上げる程度の衝撃と同程度）以上の加速度を検知することで、クラッシュトリガーがかかり、これによって記録がロックされ、その直前5秒間程度の記録（プリ（プレ）クラッシュデータ）及びエアバッグの展開完了までの3秒程度の記録（ポストクラッシュデータ）を保存します。このクラッシュトリガー前後のデータは、最低2イベント分保存されることとなっており、それ以上何イベント分保存されるかはメーカー、型式、年式によって異なります。記録される情報項目は、我が国においていまだ義務的な基準が定められているわけではありませんが、参考基準として国土交通省によって「J-EDRの技術要件」が定められています。WP29での協議が完了し、国際基準が決議されれば、我が国においても国内法化されるものと思われます（巻末資料：J-EDRの技術要件参照）。

　イベントデータレコーダーはECUに内蔵されている記録装置ですので、ここに記録・保存されているデータを証拠として利用するためには、データの抜出し・読取りのためのツールが必要です。当該車両を製作したメーカーがこのツールを保有していることにはなりますが、アメリカ合衆国では、EDRの抜出し・読出しツールが市販されていなければならないと定められています。そして、この市販ツールとして、圧倒的なシェアを有しているのが、BOSCH社のクラッシュデータリトリーバル（CDR：Crash Data Retrieval）です。CDRは古い年式の車種や軽自動車等まだまだ利用できない場合がありますが、EDRデータの証拠化には、まずCDRの利用を検討することが必要といえるでしょう。ただ、CDRで読み出したデータはすべて英語で記述され、その解析には運動法則に関する基本的な理解や車両システム・事故解析の知識が必要ですので、CDRによるEDRデータの抜出し・読出し及びそのデータの解析は、BOSCH社が実施するトレーニングを受け、資格認定を受けた者のみが行うことができます。ですので、EDRデータを証拠として利用するためには、この認定資格者にアクセスする手段をもっておくことが必要です（BOSCH社ホームページにて資格者の氏名等が公

表されています。）。

　なお、EDRデータは、位置情報と結びついておらず、データのみから個人を特定できるものではありませんので、個人情報には該当しませんが、通常公開が予定されていない運転者の行動に関する情報ですので、プライバシーの問題は生じ得ます。データの抜出しに当たっては、同意書を取得しておくことが必要です。

　（4）　システムの作動状態

　　（ア）　供述証拠

　運転者が自車の運転支援・自動運転システムの作動状態を把握する術は、自ら作動ONの指示を出したというような場合のほかは、基本的には作動状態の通知表示や介入要請の警告等HMIによることになります。ですので、システムの作動状態に関する供述証拠は、運転者が当時、HMIのどのような働きかけを認識していたかという点を内容とするものになります。

　このような供述は直接、車両の走行態様を説明するものではないため、事故報告の際、必ずしも警察官が聴き取り、記録するものでもないと考えられ、物件事故報告書や実況見分調書に記載されていないこともあり得ます。しかし、例えば、客観証拠から得られた介入要請の警告の記録と、これに対する運転者の認識とが一致していない場合には、運転者が警告に気づかなかったとも推察されますので、この運転者の供述が運転者の過失を認定するための重要な証拠となる可能性があります。

　　（イ）　客観証拠

　　（ⅰ）　イベントデータレコーダー（EDR）

　EDRの記録項目は、今後のWP29決議の内容によりますが、現状J-EDRの技術要件を前提にすれば、EDRにはプリクラッシュブレーキの警報及び作動の有無も記録されます。

　　（ⅱ）　作動状態記録装置（DSSAD）

　運転自動化レベル3以上のシステム（自動運行装置）には、作動状態記録装置（DSSAD：Data Strage System for Automated Driving）の搭載が義務付けられています（車両41②）。DSSADに記録されなければならないデータ項目として、保安基準で規定されているのは次の6項目です（巻末資料：保安基準細目告示別添123参照）。

＜DSSAD記録項目＞

①　システムの作動状況が別の状況に変化した時刻

②　システムによる引継ぎ要求（介入要請）が発せられた時刻

③　システムがリスク最小化制御を開始した時刻

④　システムの作動中に運転者がオーバーライドした時刻

⑤　運転者が対応可能でない状態となった時刻

⑥　システムが故障のおそれのある状態となった時刻

　DSSADに記録されたデータは、6か月間又は上記記録項目を2500回記録するまでは保存されなければならず、市販されている手段又は電子通信インターフェースによりデータが取得できなければならないとされています。また、EDRと同様にプライバシーの問題が生じ得るため、DSSADのデータを読み出す際にも運転者の同意書を取得する必要があると考えられます。

　　　（ⅲ）　車載式故障診断装置（OBD）
　継続検査等に用いるOBDは、運転支援・自動運転システムの故障情報を保存するものでなければなりません（巻末資料：保安基準細目告示別添124参照）。

　各システムの技術基準において、当該システムが正常に作動しない状態であることが運転者に分かるように警告されなければならないとされています。運転者の運転行為又はユーザー側の点検整備に過失があったか否か検討するためには、当該警告がどのように表示されていたかという点も確認する必要があります。

　　（5）　運転者の行動とHMIの作動状況
　　　（ア）　供述証拠
　交通事故に遭った車両の運転者は、道交法72条1項に従い、事故後直ちに最寄りの警察署の警察官に当該事故が発生した日時及び場所、当該事故における死傷者の数及び負傷者の負傷の程度並びに損壊した物及びその損壊の程度、当該事故に係る車両等の積載物並びに当該事故について講じた措置を報告しなければなりません。そして、多くの場合、この事故報告があれば、負傷者の救護又は道路の危険防止のため、警察官が現場に向かいます（道交72②）。運転者が事故当時の自身の認知した状況や運転行動を最初に供述するのは、通常、この事故報告の場面です。この場面では、事故当事者全員がそろっていることが多いですので、各人の供述内容の整合性を検討しながら供述を取ることができますし、運転者らも供述を録取するのが捜査機関であることもあって、フレッシュな記憶に基づいて、なるべく正確かつ詳細に供述するよう努めるのが通常ですので、信用性の高い供述と評価されます。ただ、その録取内容は捜査資料となるため、その供述内容を損害賠償請求にかかる示談交渉や民事訴訟における証拠として直ちに開示してもらうことはできません。一定の手続に基づいて限定的に開示されるものを証拠とするしかありません。開示を要求できる証拠は次の表のとおりです。

事故種別	証　　拠	開示手続（文書送付嘱託による場合以外）
物件事故	物件事故報告書（交通法令の反則行為を確認する際の捜査メモとして、衝突地点及び事故概要を簡記したもの）	管轄警察署に対して弁護士法23条の2に基づく照会を行う

人身事故 （起訴事件）	過失運転致死傷罪の公判に係る訴訟記録一式	第1審裁判所に対応する検察庁に対して閲覧・謄写を申請する（刑事確定訴訟記録法4①）
人身事故 （不起訴事件）	実況見分調書・写真撮影報告書等 ※供述調書は平成20年11月19日付法務省総第1595号刑事局長依命通達「被害者等に対する不起訴事件記録の開示について」に定められた一定の要件を満たす場合のみ	（被害者側からの開示申請） 事件送致を受けた検察庁に対して閲覧・謄写を申請する（左記通達） ※送致日・送致番号は管轄警察署に対して弁護士法23条の2に基づいて照会 （被疑者側からの開示申請） 事件送致を受けた検察庁に対して弁護士法23条の2に基づく照会（この場合、管轄警察署に対する照会と併せて2段階の照会が必要）

　物件事故報告書や実況見分調書は、上記のとおり一般的には信用性の高いものと評価されますが、運転支援・自動運転システム作動中の交通事故については、そもそも運転者が周辺環境や事故原因を十分に認知していない可能性があり、その立証に供述証拠を頼ることができないことがあり得ます。また、システムの欠陥を立証するためには、上述のように極めて正確な立証が求められ、データ等の記録に基づいたより客観的な立証が必要です。

　（イ）　客観証拠

　（ⅰ）　イベントデータレコーダー（EDR）

　運転者の操作内容や一部のHMIの作動状況は、EDRに記録されます。ここでの記録も大変有力な客観証拠となります（巻末資料：J-EDRの技術要件参照）。

　（ⅱ）　作動状態記録装置（DSSAD）

　HMIの警告内容もDSSADに記録されます（上記(4)(イ)(ⅱ)参照）。

　（ⅲ）　ドライバーステータスモニター

　現状、ドライバーステータスモニターは後付け装置として、運送用車両に設置されることが多くなっています。運転者の顔をカメラで撮像し、画像解析により運転中の不注意やわき見、居眠り等を検知し、注意喚起を行う機能を備えているものが一般的です。検知記録を保存している装置であれば、当該記録が運転者の運転中の状態を示す客観証拠として有用と考えられます。

3　被請求者側（自動車メーカー）の反論

（1）　欠陥不存在の反証

　自動車メーカーとしては、運転者に非常識な使用に分類されるような運転行為上の過失があったこと、又はユーザー側の点検整備に過失があったことを指摘することで、欠陥の不存在を反証することができます。また、センサー、ECU、アクチュエーターの設計・取付けについて誤りがなかったこと、十分な指示警告を行っていたことをも反証する必要があります。

（2）　開発危険の抗弁

　PL法上の責任追及の場面では、当該自動車を製作した自動車メーカーの技術力をもって事故発生が予見不可能であったとしても、当該自動車メーカーは免責されません。免責のためには、当該自動車が流通に置かれた時点における最先端の科学技術をもってしても予見できなかったことを立証しなければなりません。ただ、請求者側において欠陥の存在を立証できた場合、この抗弁の立証が成功することはあまり想定できません。

（3）　不法行為上の予見不可能の反証

　不法行為責任追及の場面では、自動車メーカーの技術力をもって事故発生が予見不可能と言えれば免責されます。ただし、上述のとおり当該自動車が流通に置かれた時点で予見が不可能であっても、その後の事情によって予見可能性が発生する場合もあり得ます。

第3　紛争解決手段の選択

1　訴訟による解決の限界

（1）　証拠の偏在と請求者の立証負担

　ディスカバリ制度のない我が国の訴訟制度の下では、事実上の推定を用いない限り、著しい当事者間の不均衡が解消されないまま、審理が進行することになります（**本章第2　1参照**）。また、事実上の推定を用いる場合でも、請求者側は運転者の過失がなかった又はシステム設計上予見可能かつ対処を要する程度にとどまっていたことを立証しなければならず、このハードルも決して低いものではありません。このような立証負担の不均衡を考えれば、自動車メーカー等へのPL法上の責任追及に際して、訴訟は最適な紛争解決手段とはいえません。

（2）　多数当事者訴訟による手続の複雑化

　本章第1　3で見たとおり、システム作動中の交通事故の責任関係は、複数の登場人物の責任が競合します。また、事故当事車両双方に過失割合が生じ、物件損害のみ

ならず人身損害も発生したような場合には、全ての損害賠償請求について整合的に解決するためには、1個の訴訟手続において審理されることが望ましいので、複数の訴訟審理が併合され、多数の当事者が訴訟参加を行うこととなってしまいます。そうなれば、手続が極めて複雑になり審理進行の遅延が生じやすくなってしまいます。

2　保険の使用による事故当事者の解放

(1)　保険による解決に対する需要

　自動運転車が発生させた事故につき、その原因がシステムの欠陥にあることを立証しようにも、これが極めて困難であることは上記のとおりで、そのためには証拠の収集、調査、鑑定等のために相当な費用負担を考えなければなりませんので、多大な時間と資金が必要となり、事故当事者自身にとっては大きな負担になります。多くの場合、自身が加入している任意保険を使用することでひとまずの解決を図りたいと考えます。また、保険によって事故当事者を紛争から解放することは、審理における登場人物を減らし、訴訟手続の複雑化を防ぐことにもなります。ですので、任意保険を使用することはとても有用な手段といえます。

(2)　自動運転車の相手方保護のための措置

　しかし、自動運転車の事故につき、任意保険を使用することにはハードルがありました。というのも、本来、被害者の損害を加害者の保険で填補する場合、責任保険である性質上、被保険者に法律上の賠償責任が認められる必要がありますので、自動運転車側が加害者として相手方の損害を填補するために自身の加入する任意保険を使用したいと思っても、事故の原因がシステムにあり、被保険者である自動運転車の運転者に責任がない可能性がある以上、保険を使用することはできません。

　このジレンマを解決するため、各保険会社は、自動車の欠陥やハッキング等被保険者に直接法律上の賠償責任がない場合にも保険金を支払う旨の特約（被害者救済費用等補償特約）を販売することにしました。この特約は、2017年4月東京海上日動火災保険株式会社で導入されて以降、他の主要保険会社でも導入が進み、現在では多くの自動車保険で自動付帯されています。

(3)　自動運転車側保護のための措置

　被害者救済費用等補償特約の導入により、漏れのない被害者救済が可能となりましたが、加害者側である自動運転車側のハードルに関しても手当てが必要です。というのも、自家用車の自動車保険のようなノンフリート保険の場合、1度任意保険を使用すれば、ノンフリート等級に影響を与え、次回更新後の保険料が増額される可能性があ

ります。しかし、もしかすると、後になって、事故の原因がシステムにあり、被保険者である運転者に責任がなかったと判明するかもしれません。それなのに、この保険料増額の負担を強いるのは合理的ではありません。

　そこで、レベル3以上の自動運転システム作動中の事故に関しては、保険を使用しても保険等級に影響を及ぼさないという取扱いを表明する保険会社（東京海上日動火災保険株式会社（2021年4月以降始期を迎える契約から））が現れました。他の保険会社もこれに追従するかは今後の状況を見守るほかありません。

　（4）　求償の課題

　以上のように、任意保険は事故当事者を紛争から解放するのに有用な手段であり、保険使用に向けた当事者らのハードルを取り除くための措置が行われてきています。ただし、任意保険の使用は「ひとまずの」解決手段です。保険会社は、保険金を支払った後、被保険者に代位して（保険25①）、本来の責任者に求償請求することになります。システムの欠陥に原因がある場合は、自動車メーカー等に責任追及することになるはずです。しかし、実態として保険会社から自動車メーカーに対する責任追及はほぼ行われていません。これには、立証負担の費用対効果の問題も関係してはいますが、多分に営業上の考慮が働いています。そして、この求償金未回収の問題は、単純に保険会社の負担増としてのみ捉えるべきものではありません。というのも、損害保険の保険料は、損害保険料率算出機構の算出する保険料率に基づいて設定されています。この保険料率は、過去の保険データを基に、将来の保険金の支払に過不足がないように保険数理などを用いて算出される基礎数値です。したがって、求償金の未回収により過去に支払った保険金の価額が高いと、その実績を基に保険料率が算出されるため、保険料が高く設定されてしまうのです。すなわち、保険会社が求償金未回収が重なれば、それだけ保険料が高くなり、結局は保険契約者がその負担を被ることになります。

　従来は、保険会社が自動車メーカーに対して求償請求を行う必要がある事態はまれでしたが、今後自動運転の普及により、このような事態が増加することが想定され、この問題は無視できない課題といえます。国土交通省が2018年3月にまとめた自動運転における損害賠償責任に関する研究会の報告書では、自動運転車が発生させた事故について、従来の運行供用者責任を維持するべきとした上で、保険会社等による自動車メーカー等に対する求償権行使の実効性確保のための仕組みを検討することが適当としています。また、この報告書は、求償の実効性確保のための方策として、自動運転技術の進展、自動運転車の普及状況、適正な責任分担の在り方等も勘案しながら必要な措置を検討することが重要と言及しており、その選択肢として次のような方策を

例示しました。

①　リコール等に関する情報を求償時の参考情報として用いる

②　EDR等の事故原因の解析にも資する装置の設置とその活用のための環境整備

③　保険会社と自動車メーカー等による円滑な求償に向けた協力体制の構築

④　自動運転者の安全性向上等に資するような、自動運転中の事故の原因調査や自動運転システムの安全性に関する調査等を行う体制整備の検討

3　ADRの可能性

　任意保険の使用によって、事故当事者を紛争から解放することが可能であっても、保険会社が当該事故当事者の請求権を代位するのですから、求償訴訟において証拠の偏在による不公平にさらされることに変わりはありません。そして、損害額がよほど高額な事案でなければ求償を断念するという不健全な事態は容易に想像できます。また、任意保険は必ずしも全ての車両について加入されているものではなく、特に軽自動車や二輪車に関しては任意保険に加入していないケースは少なくありません。したがって、事故当事者自身が請求者として自動車メーカー等の責任を追及しなければならない事態はなお想定されます。このような事情を考えれば、システムの欠陥が疑われる自動車事故紛争を解決するためのADR（＝裁判外紛争解決手続、Alternative Dispute Resolution）を設け、自動車メーカー等の企業秘密に属する証拠の秘匿性を確保できるように設計されたディスカバリ制度類似の証拠開示手続を導入することを検討してもよいように思われます。

　また、証拠の偏在の問題に限らず、リコール等の制度と連結させる便宜も考えられます。すなわち、システムの欠陥を理由とする自動車メーカー等への責任追及に際しては、過去のリコール・改善対策の情報を参照しなければならない場合があります（Q2の考察参照）。そして、過去リコール・改善対策が行われていないシステムに関して、当該交通事故の紛争解決に際して、システムの欠陥等が明らかになり、自動車メーカー等にPL法上の責任が認められるか否かにかかわらず、これを契機にリコール・改善対策が必要となるケースも想定されます。したがって、特定の交通事故の紛争解決とリコール等の制度との間で相互に情報共有できるように柔軟に制度設計することで、我が国全体の交通の安全に寄与するものと考えられるのです。

　さらに、ADRを設ける意義としては、救済の穴をなくすという点も考えられます。というのも、論理的には、「システム搭載車の相手方に責任がない部分について、運転者に過失は認められないが、システムの欠陥も立証されない」という場合が想定され

るところ、このような場合には物件損害を填補する術がなく、結果として被害者が自身に責任もないのに損害を被ることになってしまいます。ADRにおいては必ずしも厳密な意味での法律要件の立証が求められないため、このような救済の穴を埋める解決が可能となります。

　現状、交通事故に関するADR制度で、代表的なものは公益財団法人交通事故紛争処理センターにおける和解あっ旋及び審査手続（ただし、求償に係る紛争は利用対象外）及び公益財団法人日弁連交通事故相談センターにおける示談あっ旋があります。また、自動車の製造物責任に関するADR制度としては、公益財団法人自動車製造物責任相談センターにおける和解あっ旋及び審査手続があります。ただ、証拠の偏在を解消するための証拠開示手続が整備されているわけではありません。今後、上記のようなADRの需要を満たせるような制度設計が期待されます。

第 4 章

ケーススタディ

136

ケース1　障害物がないのに、プリクラッシュブレーキが作動し減速・
停止したことにより、後続車に追突された場合

＜事案詳細＞

	甲　車	乙　車
事故日時	晴れた日の日中（路面は乾燥）	
事故場所	片側1車線の公道（一般道）上（制限速度50km/h）	
当事車両	自動車メーカーA社が製作した普通乗用自動車　Xの所有・X運転（速度表示機能付ドライブレコーダー搭載）	自動車メーカーB社が製作した普通乗用自動車　Yの所有・Y運転（速度表示機能付ドライブレコーダー搭載）
事故概要	甲車は、50km/hで本件道路を進行していたが、道路上に障害物がないにもかかわらず、プリクラッシュブレーキが作動し、警報と同時に制動制御され急減速した。Xは警報に驚き、右足をアクセルから放し、周囲を確認した。その頃、乙車は、同じく50km/hで甲車に後続して、本件道路を進行していた。すると、先行の甲車が前方に障害物がないにもかかわらず、突然急減速した。乙車のプリクラッシュブレーキも作動し、警報と同時に制動制御が行われ、Yも即座にブレーキを踏んだが、甲車後部に追突した。 	
双方損害	〔物件損害〕修理費40万円　〔人身損害〕Xに3か月の治療を要する頚部挫傷が生じた（損害額80万円）	〔物件損害〕修理費60万円　〔人身損害〕なし
任意保険	対物・対人責任保険／車両・人身傷害保険加入（免責額設定なし）	対物・対人責任保険／車両・人身傷害保険加入（免責額設定なし）

＜紛争第1段階－事故当事者間の責任関係の整理及び保険の利用－＞

1 当事者間における請求

本件における当事者間の請求は以下のとおりです。

① XのYに対する物件損害40万円の賠償請求（不法行為責任）及び人身損害80万円の賠償請求（運行供用者責任）

② YのXに対する物件損害60万円の賠償請求（不法行為責任）

2 過失割合の決定による責任の分担

乙車を運転するYは、先行車が急に停止したとしても追突を避けることができるために必要な十分な車間距離を保っていなければならない義務（道交26）を負っています。他方で、甲車を運転するXにも、危険を防止するためのやむを得ない場合を除き、急停止又は急減速させるような急ブレーキをかけてはならない（道交24）とされています。したがって、基本的には本件のような追突事故は、後続車側の過失によって発生したものとされ、先行車の急ブレーキが原因の一端と認められる場合には、先行車側にも一定の過失を認めるべきと考えられています。過去の裁判例を参考に、甲車30％、乙車70％という割合で双方の過失を評価するのが一般的とされています（東京地裁民事交通訴訟研究会編「民事交通訴訟における過失相殺率の認定基準（全訂5版）」別冊判例タイムズ38号293～295頁（2014）参照）。

この過失割合評価に従って、双方責任額の分担を考えると以下のとおりになります。

① Xの物件損害のうち28万円（40万円×0.7）をYが負担。残額12万円はXが負担。

② Xの人身損害のうち56万円（80万円×0.7）をYが負担。残額24万円はXが負担。

③ Yの物件損害のうち18万円（60万円×0.3）をXが負担。残額42万円はYが負担。

3 保険の利用

本件における保険利用の可否は以下のとおりです。

① Xの物件損害中Y負担分28万円について乙車対物責任保険で対応することが可能。X負担分12万円について甲車車両保険で対応することが可能。

② Xの人身損害中Y負担分56万円について乙車自賠責保険及び乙車対人責任保険で対応することが可能。X負担分24万円について甲車人身傷害保険で対応することが可能。

③ Yの物件損害中X負担分18万円について甲車対物責任保険で対応することが可能（最終的に甲車のシステムの欠陥による事故と評価されても被害者救済費用等補償特約で対応可能）。Y負担分42万円について乙車車両保険で対応することが可能。

＜紛争第2段階－Ａ社への求償－＞

1　求償に係る請求権

　まず、確認ですが、乙車に搭載されているプリクラッシュブレーキシステムにより本件事故が防げなかったとしても、車間距離保持義務違反がＹにあることに変わりなく、本件事故発生に当該システムの欠陥が介在すると考えることはできませんので、Ｂ社に対して何らかの求償請求を行うことは想定されません。

　今回、Ａ社への求償を考える上では、甲車で作動したプリクラッシュブレーキが誤作動だったか否か（実際に障害物がなかったのか）、Ｘにオーバーライドして事故を回避すべき義務があったか否かという点が問題となります。

　Ａ社に対する求償が想定される請求権は以下のとおりです。

①　Ｘの物件損害中Ｘ負担分12万円について甲車任意保険会社よりＡ社に求償請求（不法行為責任追及の保険代位）

②　Ｘの人身損害中Ｘ負担分24万円について甲車任意保険会社よりＡ社に求償請求（PL法上の責任追及の保険代位）

③　Ｙの物件損害中Ｘ負担分18万円について甲車任意保険会社よりＡ社に求償請求（PL法上の責任追及の保険代位）

2　求償請求における立証積上げルートの検討視点

　まず、甲車のプリクラッシュブレーキの作動及びそのタイミングを、EDRの記録によって特定する必要があります。そして、実際に急制動が必要な障害物があったか否かについて、甲車ドライブレコーダー映像を確認しなければなりません。障害物があったのであれば、システムに欠陥はなく、急制動せずとも事故を回避できるよう、Ｘにおいてあらかじめ減速・制動がなされているべきだったといえます。逆に障害物がなかったのであれば、事故発生を防ぐためには正常な検知情報に基づいてシステムが作動せずにそのまま走行していれば足りるのですから、システムによって予見可能かつ回避可能な事故といえることは明らかです。

　次に、検討が必要なのは、障害物がないにもかかわらずプリクラッシュブレーキ作動の警報が鳴ったのですから、本来Ｘはアクセルを踏み続け乙車が急制動しないようにオーバーライドして事故を回避する義務まであったのかという点です。ここでは、警報、制動開始、衝突までの時間的間隔が、その間に運転者が反応するだけの十分な余裕のあるものであったかという考察が必要ですので、EDR及びドライブレコーダーの記録を照らし合わせて検討しなければなりません。また、保安基準及び（自動車メーカーからの開示があれば）システム作動の要件及び仕様に関する資料から、どのようにシステムが設計されているかについても検討しなければなりません。なお、運転

者がシステムを信用したことで自身の認知能力を疑い、一瞬思考停止してしまったことで生じるタイムラグをどのように考えるかという問題も想定されます。そのタイムラグがどの程度の長さかにもよりますが、少なくとも予見可能な誤使用に含めて考えるべきでしょう。

　最後に、取扱説明書や購入の際の販売店からの指示警告がどのようなものであったか、システムの検知精度を過度に信頼させるような広告が行われていなかったかという点も検討しなければなりません。

　以上検討の結果、本件に関しては、A社からの資料開示がなかったとしても、A社の責任を肯定できる可能性は十分あるように考えられます。ただ、警報、制動開始、衝突までの時間的間隔によっては、運転者がオーバーライドしなかったことにつき過失相殺されることも想定されますので、その割合によって甲車任意保険会社が回収できる金額は変わってきます。

3　事故発生原因の究明の必要性

　システムの欠陥の存在、つまり通常有すべき安全性を欠いていたことの立証には、必ずしも本件事故がシステムのどの部分にどのような欠陥があったことが原因で発生したものか特定する必要はありません。したがって、請求者側がこれを特定しなくても、A社に対する請求が認容される可能性は十分あり、むしろこの点の究明は、リコール・改善対策を行う必要があるか判断する際に、A社側で行われるべきです。

　プリクラッシュブレーキの精度には、障害物検知のためにどのようなセンサーが用いられているかが影響し、RADARが用いられている場合は、電波ビームの照射範囲が狭く設定されている関係で、センサーの設置角度にずれがあることで、予定されたとおりに障害物を検知しないということはあり得ます（第2章第1　2(2)(ウ)参照）。また、前方を走行するトラックやタンクローリーの荷台等で電波が乱反射することにより誤検知する例も報告されています。さらには、可視光カメラにより撮像された映像からテンプレートマッチングする上で、特徴点の抽出が不十分で前方に障害物があると誤認知した可能性もあります（第2章第2　2(4)(イ)参照）。

ケース2　レーンキープアシスト作動中にシステムが車線認知を誤り、隣接車線に進入したことで、当該隣接車線上の並進車に接触した場合

＜事案詳細＞

	甲　車	乙　車
事故日時	雨の日の夜（路面には所々水溜りあり）	
事故場所	片側2車線の公道（一般道）右カーブ（制限速度50km/h）	
当事車両	自動車メーカーA社が製作した普通乗用自動車　Xの所有・X運転（速度表示機能付ドライブレコーダー搭載）	自動車メーカーB社が製作した普通乗用自動車　Yの所有・Y運転（速度表示機能付ドライブレコーダー搭載）
事故概要	甲車は、レーンキープアシストを作動させながら、本件道路第1車線を進行していたが、右カーブに差し掛かった際、本来操舵角15度で足りるにもかかわらず、システムにより車線逸脱の警報と共に右へ30度の旋回が行われた。そのため、甲車は第2車線へ進入し、第2車線を後方から走行していた乙車に衝突した。Xは即座にハンドルを握り左へ操舵しようとしたが、間に合わなかった。本件事故発生前に乙車のプリクラッシュブレーキは作動しなかった。 	
双方損害	〔物件損害〕 修理費50万円 〔人身損害〕 なし	〔物件損害〕 修理費50万円 〔人身損害〕 なし
任意保険	対物・対人責任保険／車両・人身傷害保険加入（車両免責10万円）	対物・対人責任保険／車両・人身傷害保険加入（免責額設定なし）

＜紛争第1段階－事故当事者間の責任関係の整理及び保険の利用－＞

1　当事者間における請求

本件における当事者間の請求は以下のとおりです。

① 　XのYに対する物件損害50万円の賠償請求（不法行為責任）

② 　YのXに対する物件損害50万円の賠償請求（不法行為責任）

2　過失割合の決定による責任の分担

甲車を運転するXは、みだりに甲車の進路を変更してはならず（道交26の2①）、変更後の進路と同一の進路を後方から進行してくる車両の速度又は方向を急に変更させるおそれがある場合に、進路変更をしてはいけません（道交26の2②）。さらに、同一方向に進行しながら進路を変えるときは、指示器により合図をしなければなりません（道交53①）。本件では、甲車の進行態様は、このいずれの義務も怠っていたと評価されてしまいます。他方で、乙車を運転するYも、周辺の交通状況に応じて安全な速度と方法で運転しなければならない一般的な義務を負っています（道交70）。これらの双方車両に課される注意義務の程度を考慮して、過去の裁判例を基にすれば、甲車90％、乙車10％という割合で双方の過失を評価するのが一般的とされています（東京地裁民事交通訴訟研究会編「民事交通訴訟における過失相殺率の認定基準（全訂5版）」別冊判例タイムズ38号290～292頁（2014）参照）。

この過失割合評価に従って、双方責任額の分担を考えると以下のとおりになります。

① 　Xの物件損害のうち5万円（50万円×0.1）をYが負担。残額45万円はXが負担。

② 　Yの物件損害のうち45万円（50万円×0.9）をXが負担。残額5万円はYが負担。

3　保険の利用

本件における保険利用の可否は以下のとおりです。

① 　Xの物件損害中Yの負担分5万円について乙車対物責任保険で対応することが可能。X負担分45万円のうち車両免責10万円についてはX本人が負担し、残額35万円については甲車車両保険で対応することが可能。

② 　Yの物件損害中Xの負担分45万円について甲車対物責任保険で対応することが可能（最終的に甲車のシステムの欠陥による事故と評価されても被害者救済費用等補償特約で対応可能）。Y負担分5万円について乙車車両保険で対応することが可能。

＜紛争第2段階－A社への求償－＞

1　求償に係る請求権

まず、確認ですが、乙車に搭載されているプリクラッシュブレーキが作動しなかったことは、本来このような事故状況で作動することが予定されていたシステムであっ

たとしても、Yに周辺の交通状況に注意すべき義務があったことに変わりないので、その不作動により事故が防げなかったとしても、本件事故発生に当該システムの欠陥が介在したと考えることはできませんので、B社に対して何らかの求償請求を行うことは想定されません。

　今回、A社への求償を考える上では、過剰な右旋回がXではなくレーンキープアシストの作動により生じたものであったか否か、Xにオーバーライドして事故を回避すべき義務があったか否かという点が問題となります。

　A社に対する求償が想定される請求権は以下のとおりです。

①　Xの物件損害中X負担分45万円について甲車任意保険会社よりA社に求償請求（不法行為責任追及の保険代位）

②　Yの物件損害中X負担分45万円について甲車任意保険会社よりA社に求償請求（PL法上の責任追及の保険代位）

2　求償請求における立証積上げルートの検討視点

　まず、Xの意図と異なるレーンキープアシストの作動により本件事故が発生したということを証明しなければなりませんが、これを客観的に立証するためには、Xが運転席に設置されたハンドルを手動で回転させた角度と実際に甲車が旋回した角度がそれぞれ判明していなければなりません。甲車搭載のEDRがいずれの数値も記録するものであればこの立証は比較的容易です。しかし、そうでなければ、レーンキープアシストの作動によるものか、単にXのハンドル誤操作か、この区別が極めて困難となります。請求側としては、操舵角の変化の仕方が明らかに平常時のXの操作態様と異なるものであることをEDRの記録及びドライブレコーダーの映像から客観的に示した上、それが人による操作と考えた場合極めて不自然であることを示す事実（急ハンドルを要するような事情がないこと、カーブの見通しが良いこと、急ハンドル直前まで問題なくXが操作を行っており前方不注視の可能性が低いこと等）を主張することになるでしょう。そして、レーンキープアシストの誤作動が生じる可能性のある走行環境であったことを示す事実（夜間かつ悪天候の事故で可視光カメラによる車線区分線検知が困難であったこと、水溜りによる光の反射があり可視光カメラによる車線区分線検知が困難であったこと等）をも主張することになると考えられます。

　次に、実際にレーンキープアシストの作動による急ハンドルで本件事故が発生したことが立証できたとして、これをXがオーバーライドすることによって衝突を防止すべきであったかが問題です。実際には車線に沿ってカーブを走行しているにもかかわらず、上記システムが作動し警報が鳴ったのですから、システムによる操舵を即座に修正し、車線内に戻して事故を防ぐことが可能だったかといえるかという検討が必要

です。ここでは、警報、システムによる旋回開始、衝突までの時間的間隔が、その間に運転者が反応するだけの十分な余裕のあるものであったかという考察が必要ですので、EDR及びドライブレコーダーの記録を照らし合わせて検討しなければなりません。また、保安基準等の技術基準及び（自動車メーカーからの開示があれば）システム作動の要件及び仕様に関する資料から、どのようにシステムが設計されているかについても検討しなければなりません。

　最後に、取扱説明書や購入の際の販売店からの指示警告がどのようなものであったか、システムの検知精度を過度に信頼させるような広告が行われていなかったかという点も検討しなければなりません。例えば、本件事故の場合、システムの利便性に関する広告の中で、手放し運転が可能であることを殊更に示し、それが可能となる範囲が限定的であることを十分に警告していないような事情が認められれば、指示警告上の欠陥を疑わせる事情の一つとなると考えられます。

　以上検討の結果、本件に関しても、A社からの資料開示がなかったとしても、A社の責任を肯定できる可能性は十分あるように考えられます。ただ、警報、システムによる旋回開始、衝突までの時間的間隔によっては、運転者がオーバーライドしなかったことにつき過失相殺されることも想定されますので、その割合によって甲車任意保険会社が回収できる金額は変わってきます。

3　事故発生原因の究明の必要性

　システムの欠陥の存在、つまり通常有すべき安全性を欠いていたことの立証には、必ずしも本件事故がシステムのどの部分にどのような欠陥があったことが原因で発生したものか特定する必要はありません。したがって、請求者側がこれを特定しなくても、A社に対する請求が認容される可能性は十分あり、むしろこの点の究明は、リコール・改善対策を行う必要があるか判断する際に、A社側で行われるべきです。

　レーンキープアシストの精度には、当該車両で車線区分線識別がどのような認知技術によって行われることが予定されているかが影響します。可視光カメラの撮像した映像からエッジ抽出する方法により識別する技術が採用されている場合、事故場所の明るさが十分ではなかったことや車線上に障害物（水溜り等）があったことにより識別精度が低下した可能性があります。ただし、このような場合にはシステムが作動しないように設計しておくことも選択肢の一つといえ、このような視点からより安全な代替設計が可能であったということが立証可能であれば、欠陥認定の考慮要素になり得ます。また、車両に搭載されているHDマップが当該事故場所をカバーしているか否かについても、識別の精度を左右する可能性があります。地図情報の更新がユーザーの選択によって行われる場合、この更新を行っていなかったことがユーザー側の過失として考慮される可能性はあります。

ケース3 　アダプティブクルーズコントロール作動中に、システムが車間距離を誤り接近したところに、先行車が減速・制動し追突した場合

＜事案詳細＞

事故日時	雨の日の夜（路面には所々水溜りあり）	
事故場所	片側2車線の公道（高速道路）上（制限速度80km/h）	
	甲　車	乙　車
当事車両	自動車メーカーA社が製作した普通乗用自動車　Xの所有・X運転（速度表示機能付ドライブレコーダー搭載）	自動二輪車　Yの所有・Y運転
事故概要	甲車は、80km/hを標準に設定してアダプティブクルーズコントロールを作動させて、本件道路第2車線を走行していた。そのころ、乙車は、甲車に先行して第2車線を進行していたが、その前の第三車両の速度が少し落ちたため、第1車線へ進路変更しようと左へ指示器を出して、車線区分線上まで左に寄ったが、当該第三車両が速度を上げたため、進路変更を取りやめ、右に指示器を出さないまま、少し右へ戻って第2車線内左端を走行した。しかし、甲車が先行第三車両との距離を詰めるために加速し、乙車に追突した。 	
双方損害	〔物件損害〕 修理費80万円 〔人身損害〕 なし	〔物件損害〕 全損時価60万円 〔人身損害〕 Y死亡（損害額8000万円）
任意保険	対物・対人責任保険／車両・人身傷害保険加入（免責額設定なし）	未加入

＜紛争第1段階－事故当事者間の責任関係の整理及び保険の利用－＞

1　当事者間における請求

本件における当事者間の請求は以下のとおりです。

① 　XのY（の相続人）に対する物件損害80万円の賠償請求（不法行為責任）

② 　Y（の相続人）のXに対する物件損害60万円の賠償請求（不法行為責任）及び人身損害8000万円の賠償請求（運行供用者責任）

2　過失割合の決定による責任の分担

乙車を運転するYは、みだりに乙車の進路を変更してはならず（道交26の2①）、変更後の進路と同一の進路を後方から進行してくる車両の速度又は方向を急に変更させるおそれがある場合に、進路変更をしてはいけません（道交26の2②）。さらに、同一方向に進行しながら進路を変えるときは、指示器により合図をしなければなりません（道交53①）。本件では、乙車は若干左右に寄っただけとはいえ、二度進路変更を行ったことになりますので、最後に右に寄る際、このいずれの義務も怠っていたと評価されてしまいます。他方で、甲車を運転するXも、周辺の交通状況に応じて安全な速度と方法で運転しなければならない一般的な義務を負っています（道交70）。Xからは前方を進行する乙車が進路変更を取りやめ、右に寄ってきたことが見えたはずで、この義務を怠っていたと考えざるを得ません。類似事故の過去の裁判例を基にすれば、甲車60%、乙車40%という割合で双方の過失を評価されるべきと考えます（大阪地判平14・12・25交民35・6・1708）。

この過失割合評価に従って、双方責任額の分担を考えると以下のとおりになります。

① 　Xの物件損害のうち32万円（80万円×0.4）をY（の相続人）が負担。残額48万円はXが負担。

② 　Yの物件損害のうち36万円（60万円×0.6）をXが負担。残額24万円はY（の相続人）が負担。

③ 　Yの人身損害のうち4800万円（8000万円×0.6）をXが負担。残額3200万円をY（の相続人）が負担。

3　保険の利用

本件における保険利用の可否は以下のとおりです。

① 　Xの物件損害中Yの負担分32万円について、Y側で対応できる保険はなく、甲車車両保険で対応することが可能であるのみ（ただし、甲車任意保険会社のYの相続人に対する求償権は存在している。）。X負担分48万円については甲車車両保険で対応することが可能。

② 　Yの物件損害中Xの負担分36万円について甲車対物責任保険で対応することが可能（最終的に甲車のシステムの欠陥による事故と評価されても被害者救済費用等補償特約で対応可能）。Y負担分24万円については、Yの相続人が負担。

③ 　Yの人身損害中Xの負担分4800万円について甲車対人責任保険で対応することが可能（最終的に甲車のシステムの欠陥による事故と評価されても被害者救済費用等補償特約で対応可能）。Y負担分3200万円についてはYの相続人が負担。

＜紛争第2段階－A社への求償－＞

1　求償に係る請求権

　まず、確認ですが、甲車に搭載されているはずのプリクラッシュブレーキが作動しなかったことは、本来このような事故状況で作動することが予定されていたシステムであったとしても、Xに周辺の交通状況に注意すべき義務があったことに変わりないので、その不作動により事故が防げなかったとしても、本件事故発生に当該システムの欠陥が介在したと考えることはできません。Xには前方の安全を確認し、適切に車両を走行させる義務があったのですから、Xに過失があることには間違いありません。

　今回、A社への求償を考える上では、甲車の加速がXではなくアダプティブクルーズコントロールの作動により生じたものであったか否か、Xにオーバーライドして事故を回避すべき義務があったか否かという点が問題となります。

　A社に対する求償が想定される請求権は以下のとおりです。

① 　Xの物件損害中X負担分48万円について甲車任意保険会社よりA社に求償請求（不法行為責任追及の保険代位）

② 　Yの物件損害中X負担分36万円について甲車任意保険会社よりA社に求償請求（PL法上の責任追及の保険代位）

③ 　Yの人身損害中X負担分4800万円について甲車任意保険会社（又は甲車自賠責保険会社）よりA社に求償請求（PL法上の責任追及の保険代位）

2　求償請求における立証積上げルートの検討視点

　まず、甲車のアダプティブクルーズコントロールシステムが、Xの意図と異なって作動して、加速してしまったということを立証する必要があります。このためには、Xがアクセルペダルを踏みこんでいないのに、甲車が加速していることを示す必要があるので、EDRに記録された縦方向加速度の上昇を確認し、この加速度上昇がドライブレコーダー映像における甲車加速のタイミングと一致していることを確認した上、EDRのアクセル開度の値の変遷と見比べることになります。

　次に、システムを構成するセンサーを特定します。アダプティブクルーズコントロ

ールにおいて使用されるセンサーは、先行車両との距離を把握するための技術なので、RADAR、LiDAR、可視光カメラ等が用いられるのが一般的です。RADARには**第2章第1　2(2)(ウ)**でも述べたように、前方に向けて送信される電波ビームの幅が狭く設定されていることがあり、検知範囲に死角が生じてしまう可能性があります。甲車のアダプティブクルーズコントロールが、この検知範囲の狭いRADARのみで先行車検知を行うシステムであった場合、甲車に搭載されているセンサーでは乙車を検知不可能だったと認定される可能性が出てきます。だからといって、甲車のシステムに欠陥はなかったと評価されるわけではありません。甲車が流通におかれた時点のセンサー技術をもってすれば、送信する電波ビームの幅を調整したり、可視光カメラによる検知も併用して、この死角を補う代替設計は容易に想定可能だったはずなので、同時期に製作された他車の検知技術をも比較検討することで、設計上の欠陥があることを指摘することが考えられます。また、仮に代替設計が難しかったとしても、この死角を有したまま流通におかれたのであれば、先行車全てを検知できないこと及びそれによって先行車がいるのに加速してしまう可能性があることを説明書等で十分警告しておかなければならないと考えられますので、これを欠いていれば指示警告上の欠陥があったことを指摘することもできます。

　以上とは別に、Xに過失がなかったかという点も問題となります。仮に進路変更をやめた乙車が、甲車と十分な車間距離をとっていれば、Xとしては、システムによる加速が始まってからでないとブレーキやハンドル操作等の回避行動をとる必要を認識することはできません。この場合、システムによる加速によって乙車に衝突するまでの間に、Xが回避行動をとれるだけの時間的余裕があったかが重要になります。これとは逆に、進路変更をやめた乙車が、甲車と十分な車間距離をとっていなければ、システムによる加速後衝突まで極めて短時間しかないため、Xに回避行動を要求するのは難しいでしょう。ただし、そのような極めて近い距離に乙車がいたのであれば、システムによる加速が始まる前から甲車を減速させ、乙車と車間距離をとっていれば、本件事故は防げたといえる余地が生じます。

　では、Xが事故当時、ハンドルから手を放していたことによって、システムによる加速に対する反応が遅れ、事故が生じてしまった場合はどうでしょうか。予見可能な誤使用に含まれるか否か微妙な評価になりますが、甲車にアダプティブクルーズコントロールとレーンキープアシストを併用するシステムが搭載され、A社側で甲車の売り文句として「手放し運転が可能」というような広告を行っていた場合、この評価に影響を与えることになると思われます。

　以上のとおり、A社の責任を肯定できる可能性はありますが、Xの過失が相殺され

る場合も想定され、その過失割合評価も難しい課題といえそうです。

3　事故発生原因の究明の必要性

　システムの欠陥の存在、つまり通常有すべき安全性を欠いていたことの立証には、必ずしも本件事故がシステムのどの部分にどのような欠陥があったことが原因で発生したものか特定する必要はありません。したがって、請求者側がこれを特定しなくても、A社に対する請求が認容される可能性は十分あり、むしろこの点の究明は、リコール・改善対策を行う必要があるか判断する際に、A社側で行われるべきです。

　本件事故が、システムによる加速が原因で生じたものである場合、その原因としては、①上述したように採用するセンサーの検知範囲に死角があった、②採用するセンサーには問題なかったが、その取付けの向きが不適切だったために乙車を検知できなかった、③センサーは確かに乙車を検知できていたが、それを先行車両として認知できなかった、④乙車を先行車両と認知できていたが、甲車の進路上から外れていくと誤って予測したなど様々考えられます。

| ケース4 | パーキングアシストによる駐車動作中に接近してきた障害物（歩行者）に衝突した場合 |

＜事案詳細＞

| 事故日時 | 晴れの日の夜（路面は乾燥） |
| 事故場所 | 大型商業施設平面駐車場内 |

	甲　車	歩行者Y
当事車両等	自動車メーカーA社が製作した普通乗用自動車　Xの所有・X運転（速度表示機能付リアドライブレコーダー搭載）	8歳男児・身長130cm
事故概要	甲車は駐車場内通路を進行し、通路左側の空き区画の前で停止した。Xがパーキングアシスト（ステアリングのみならず、アクセル・ブレーキも制御するもの）を作動させると、甲車は右に頭を振った上で、後退しながら10km/hで目標区画へ進入していった。そのころYは駐車場内の駐車車両の間を通行し、当該区画が空いていると思い、その区画内を走って横切り、通路に出ようと、甲車の後方から当該区画に小走りで進入したところ、後退してきた甲車後部に衝突して、転倒した。	
双方損害	〔物件損害〕なし 〔人身損害〕なし	〔物件損害〕なし 〔人身損害〕Yに9か月の治療を要する右肩腱板損傷が生じた（後遺障害12級、損害額1000万円）
任意保険	対物・対人責任保険／車両・人身傷害保険加入（免責額設定なし）	未加入

＜紛争第1段階－事故当事者間の責任関係の整理及び保険の利用－＞

1　当事者間における請求

本件における当事者間の請求は、ＹのＸに対する人身損害1000万円の損害賠償請求（運行供用者責任）です。

2　過失割合の決定による責任の分担

道交法の規定は、公道上における交通ルールを規定した法律ですので、特定の私人が所有する敷地である駐車場内では、適用されません。しかし、公道上と同じく車両が行き交う駐車場内通路上では、運転者は、公道上におけるルールにのっとって運転するのが通常の慣行ですので、事故回避可能性を検討する際には、同様のルールが事実上認められることを考慮しなければなりません。ただし、駐車場には、駐車を主たる目的とする場所であることから、車両が後退・方向転換等の行為に出ることが多く、歩行者や自転車が無秩序に通行する可能性が高いという特性があります。これらの特性を考慮して、双方に課される注意義務の程度を考えなければなりません。過去の裁判例を参考にすれば、甲車95％、Ｙ5％という割合で双方の過失を評価するのがよいのではないかと考えます（東京地裁民事交通訴訟研究会編「民事交通訴訟における過失相殺率の認定基準（全訂5版）」別冊判例タイムズ38号505・506頁（2014）参照）。

この過失割合評価に従って、双方責任額の分担を考えるとＹの人身損害のうち950万円（1000万円×0.95）をＸが負担し、残額50万円はＹが負担することになります。

3　保険の利用

本件においては、Ｙの人身損害中Ｘの負担分950万円について甲車対人責任保険で対応することが可能（最終的に甲車のシステムの欠陥による事故と評価されても被害者救済費用等補償特約で対応可能）で、Ｙの負担分50万円については、Ｙが負担することになります。

＜紛争第2段階－Ａ社への求償－＞

1　求償に係る請求権

まず、確認ですが、甲車には障害物検知警報システムが搭載されている可能性が高く、これが鳴らなかったことでＹの接近に気づかなかったということがあり得るかもしれません。しかし、Ｘには警報システム搭載の有無とは無関係に進行方向である後方の安全確認を行うべき義務がありますので、当該システムの不作動により事故が防げなかったとしても、本件事故発生に当該システムの欠陥が介在したと考えることはできません。

　今回、A社への求償を考える上では、XにオーバーライドしてХ事故を回避すべき義務があったか否かという点が問題となります。また仮にXがYの存在を認識することが不可能であっても、甲車のシステムが検知・認知可能であった場合、A社は責任を負うのかという点も考えてみたいと思います。

　A社に対する求償が想定される請求権は以下のとおりです。

・Yの人身損害中X負担分950万円について甲車任意保険会社（又は甲車自賠責保険会社）よりA社に求償請求（PL法上の責任追及の保険代位）

2　求償請求における立証積上げルートの検討視点

　まず、大原則として、本来後方から近づいてくる歩行者があれば、たとえシステムの作動により走行している場合であっても、運転者がブレーキを踏んで接触を避けなければなりません。本件事故においても、XがYが車両の間から甲車の進路上に出てくるのを予見し、接触を回避できた場合、甲車側の過失については100％Xが負うべきです。

　ただし、歩行者がYのように年少者で低身長である場合、通常予見できないような態様で車両の進路上に進入し、その様子が運転者の視界からは確認することが物理的に不可能な場合、運転者無過失と評価される可能性があります。その場合、従前は責任割合はX：Y＝0：100と評価せざるを得ませんでした（この場合もXは運行供用者責任を負います。）。しかし、運転支援・自動運転システムを搭載している車両の場合、周囲の状況を検知するのは運転者の五感だけでなく、様々なセンサーが設置されています。ですので、運転者の視界では視認できない歩行者も、センサーをもってすれば検知可能という場合が想定されるはずです。そうであれば、Xに過失はないが、（あくまで私見に基づけば）システムとしては通常有すべき安全性を欠いていて欠陥ありと評価される場合があるということになります（第3章Q7参照）。この場合、真に運転者が無過失か判断するためには、HMIにより適切にシステムから運転者に警告を発していたか否かは大変重要な考慮要素でしょう。ですので、この警告の有無及びタイミングを立証する必要があります。本件事故に関しては、EDRにこの警告が記録されていれば立証は容易でしょうが、そうでない場合この立証は運転者の供述以外に証拠は想定できず、立証困難といえます。

3　事故発生原因の究明の必要性

　システムの欠陥の存在、つまり通常有すべき安全性を欠いていたことの立証には、必ずしも本件事故がシステムのどの部分にどのような欠陥があったことが原因で発生

したものか特定する必要はありません。したがって、請求者側がこれを特定しなくて
も、A社に対する請求が認容される可能性は十分あり、むしろこの点の究明は、リコ
ール・改善対策を行う必要があるか判断する際に、A社側で行われるべきです。

　パーキングアシストにおいて、周辺障害物の検知には、可視光・遠赤外線カメラ、
超音波ソナー、RADAR、LiDAR等の様々なセンサーが考えられます。センサーフュ
ージョンによって、技術的にはほぼ死角なく接近してくる障害物を検知・認知できる
ものと思われますが、危険を検知・認知した場合、速やかに警報等HMIが作動するよ
う設計されることが技術基準により定められています。ですので、実質的にはこの
HMIに欠陥があったか否かが問題となると考えられます。

| ケース5 | トラフィックジャムパイロット作動中に周辺車両と衝突した場合 |

<＜事案詳細＞>

事故日時	晴れの日の日中（路面は乾燥）	
事故場所	片側2車線の公道（高速道路）上（制限速度60km/h）	
	甲 車	乙 車
当事車両	自動車メーカーA社が製作した普通乗用自動車　Xの所有・X運転（速度表示機能付ドライブレコーダー搭載）	自動車メーカーB社が製作した大型貨物自動車　Zの所有・Y運転（デジタルタコグラフ、ドライブレコーダー搭載）
事故概要	甲車は、渋滞中の本件道路第1車線上をトラフィックジャムパイロットを作動させて15km/hで進行していた。Xは車載モニターでテレビを視聴していた。その頃、乙車は、本件道路左側から本線に合流するため加速車線を30km/hで進行し、甲車の前に進入しようとして右へ進路変更を開始した。Yは、進路変更前において、甲車左前付近で右ウインカーを点灯させて3秒程度並進した上で、ゆっくりとハンドルを右に切りながら進路を変更させた。しかし、Xは乙車に気づかず、甲車は警報を鳴らすことも、減速・制動もしないまま進行したため、双方車両側面同士が接触した。 	
双方損害	〔物件損害〕 修理費40万円 〔人身損害〕 Xに5か月の治療を要する頚部挫傷が生じた（損害額120万円）	〔物件損害〕 修理費100万円 〔人身損害〕 Yに3か月の治療を要する頚部挫傷が生じた（損害額80万円）

任意保険	対物・対人責任保険／車両・人身傷害保険加入（免責額設定なし）	対物・対人責任保険／車両・人身傷害保険加入（免責額設定なし）

＜紛争第1段階－事故当事者間の責任関係の整理及び保険の利用－＞

1　当事者間における請求

本件における当事者間の請求は以下のとおりです。

① 　XのYに対する物件損害40万円の賠償請求（不法行為責任）及び人身損害120万円の賠償請求（運行供用者責任）

② 　YのXに対する物件損害100万円の賠償請求（不法行為責任）及び人身損害80万円の賠償請求（運行供用者責任）

2　過失割合の決定による責任の分担

乙車を運転するYは、みだりに乙車の進路を変更してはならず（道交26の2①）、高速道路の本線車道に入ろうとする場合には、当該本線車道を通行する自動車の進行妨害をしてはいけません（道交75の6①）。本件では、乙車の進行態様は、この義務を怠っていたと考えられます。他方で、甲車を運転するXも、周辺の交通状況に応じて安全な速度と方法で運転しなければならない一般的な義務を負っています（道交70）（ただし、この安全運転義務のうち周辺環境注視義務は免除されています（**第1章第1　5参照**）。）。これらの双方車両に課される注意義務の程度を考慮して、過去の裁判例を基にすれば、甲車30％、乙車70％という割合で双方の過失を評価するのが一般的とされています（東京地裁民事交通訴訟研究会編「民事交通訴訟における過失相殺率の認定基準（全訂5版）」別冊判例タイムズ38号466・467頁（2014）参照）。

この過失割合評価に従って、双方責任額の分担を考えると以下のとおりになります。

① 　Xの物件損害のうち28万円（40万円×0.7）をYが負担。残額12万円はXが負担。

② 　Xの人身損害のうち84万円（120万円×0.7）をYが負担。残額36万円はXが負担。

③ 　Yの物件損害のうち30万円（100万円×0.3）をXが負担。残額70万円はYが負担。

④ 　Yの人身損害のうち24万円（80万円×0.3）をXが負担。残額56万円はYが負担。

3　保険の利用

本件における保険利用の可否は以下のとおりです。

① 　Xの物件損害中Yの負担分28万円について乙車対物責任保険で対応することが可能。X負担分12万円については甲車車両保険で対応することが可能（契約条件によっては、ノンフリート等級に影響なしとなる場合あり）。

② 　Xの人身損害中Yの負担分84万円について乙車対人責任保険で対応することが可

能。X負担分36万円については甲車人身傷害保険で対応することが可能（契約条件によっては、ノンフリート等級に影響なしとなる場合あり）。

③　Yの物件損害中Xの負担分30万円について甲車対物責任保険で対応することが可能（最終的に甲車のシステムの欠陥による事故と評価されても被害者救済費用等補償特約で対応可能）。Y負担分70万円について乙車車両保険で対応することが可能。

④　Yの人身損害中Xの負担分24万円について甲車対人責任保険で対応することが可能（最終的に甲車のシステムの欠陥による事故と評価されても被害者救済費用等補償特約で対応可能）。Y負担分56万円について乙車人身傷害保険で対応することが可能。

<紛争第2段階－A社への求償－>

1　求償に係る請求権

本件事故においては、Xに何ら道交法違反はありません。にもかかわらず、Xに回避措置をとる義務があったか否かという点が問題となります。

A社に対する求償が想定される請求権は以下のとおりです。

①　Xの物件損害中X負担分12万円について甲車任意保険会社よりA社に求償請求（不法行為責任追及の保険代位）

②　Xの人身損害中X負担分36万円について甲車任意保険会社よりA社に求償請求（PL法上の責任追及の保険代位）

③　Yの物件損害中X負担分30万円について甲車任意保険会社よりA社に求償請求（PL法上の責任追及の保険代位）

④　Yの人身損害中X負担分24万円について甲車任意保険会社（又は甲車自賠責保険会社）よりA社に求償請求（PL法上の責任追及の保険代位）

2　求償請求における立証積上げルートの検討視点

トラフィックジャムパイロットシステムは、自動運行装置に当たるので、システム作動中の事故であることや介入要請・リスク最小化制御開始がなかったことはDSSADの記録から立証することができます。また、保安基準細目告示別添122において「合理的に予見可能かつ防ぐことができるいかなる衝突も引き起こしてはならない。この場合において、別の衝突を起こさずに衝突を防止できる場合は、当該衝突を防止しなければならない。また、衝突が防止できない場合は、当該衝突時に車両が停止しなければならない。」（保安基準細目告示別添122　3.1.1.1.4）と規定されているので、これを最低限の安全性基準と考える場合、本件事故をシステムが予見・回避できなかったことが、システムの欠陥と認定することは比較的容易かと思われます。仮にシステム

により回避不可能な事故なのであれば、Xに介入要請を行い、リスク最小化制御を行わなければなりません。これらの作動もなかったのですから、本件事故においてシステムの欠陥があったことは明らかで、その立証も容易と考えられます。

　ここで問題となるのは、Xの過失相殺が可能かという点です。道交法上、Xは周辺環境注視義務が免除されていたわけですが、結果的には、少しでも周囲を見てさえいれば、容易に乙車を発見でき、渋滞中で低速走行していたのですから、事故を回避することもできたはずです。これを過失があったと評価すべきでしょうか。これに対しては、二つの考え方があり得ますが、いずれに対しても反論が成り立ちますので、どちらを選択するかは今後の裁判所の判断を待つことになります。

① 　信頼の原則によりX無過失とする考え方

　　信頼の原則とは、他の交通関与者が交通規則その他の交通秩序を守るであろうことを信頼するのが相当な場合には、たとえ他の交通関与者の不適切な行動のために、事故を発生させたとしても、これに対して責任を負わないとする刑事裁判上の原則をいいます。民事裁判においても、信号無視等の事案でこの原則を採用する裁判例が見られます。事故発生が予見可能でも、他の交通関与者の適切な行為を信頼することが相当である場合には過失責任を問わないというものです。ここでいう「他の交通関与者」を自動運転システムに当てはめることができる場合、正常にシステムが作動している以上、HMIにより介入要請がなされない限り、適正安全な走行が確保されるという信頼が相当と評価されるのであれば、Xが無過失と評価される可能性はあると考えられます。この考え方については、上記のような信頼が社会通念上相当なものとして、受け入れられているとは未だいえないのではないかという反論が成り立ちます。

② 　予見可能である以上Xに過失ありとする考え方

　　Xは周辺環境注視義務が免除されているとはいえ、依然として安全運転義務（道交70）を負っています。ですので、システムによる走行中であっても、事故を回避するために必要な注意をしておかなければならず、システムが適切に作動しているかの確認のみならず、（行政法規として道交法上免除されていても）周囲の安全性確認も行う必要があると考えれば、Xに過失ありと評価される可能性があると考えられます。この考え方については、周辺環境注視義務を免除した道交法71条の4の2が空文化するのではないかという反論が成り立ちます。

３　事故発生原因の究明の必要性

　システムの欠陥の存在、つまり通常有すべき安全性を欠いていたことの立証には、必ずしも本件事故がシステムのどの部分にどのような欠陥があったことが原因で発生

したものか特定する必要はありません。したがって、請求者側がこれを特定しなくて
も、A社に対する請求が認容される可能性は十分あり、むしろこの点の究明は、リコー
ル・改善対策を行う必要があるか判断する際に、A社側で行われるべきです。

　走行中に接近してくる障害物を検知する技術としては、可視光・遠赤外線カメラ、
超音波ソナー、RADAR、LiDAR等の様々なセンサーが考えられます。パーキングア
シストに比して、双方の移動速度が高いため、必ずしも全ての障害物を検知・認知で
きるとは限りませんが、本件事故においては、センサーの選択、設置場所・向き等設
計上の欠陥があったと見るのが自然でしょう。また、仮に甲車のシステムが、乙車を
検知できていたのであれば、制動・操舵操作及びHMIに係るECUに問題があると考え
られます。

資 料

○自動車点検基準（抄）

（昭和26年8月10日）
（運輸省令第70号）

最終改正　令和2年2月6日国土交通省令第6号

別表第1（事業用自動車、自家用貨物自動車等の日常点検基準）（第1条関係）

点検箇所	点検内容
1　ブレーキ	1　ブレーキ・ペダルの踏みしろが適当で、ブレーキの効きが十分であること。 2　ブレーキの液量が適当であること。 3　空気圧力の上がり具合が不良でないこと。 4　ブレーキ・ペダルを踏み込んで放した場合にブレーキ・バルブからの排気音が正常であること。 5　駐車ブレーキ・レバーの引きしろが適当であること。
2　タイヤ	1　タイヤの空気圧が適当であること。 2　亀裂及び損傷がないこと。 3　異状な摩耗がないこと。 （※1)4　溝の深さが十分であること。 （※2)5　ディスク・ホイールの取付状態が不良でないこと。
3　バッテリ	（※1)　液量が適当であること。
4　原動機	（※1)1　冷却水の量が適当であること。 （※1)2　ファン・ベルトの張り具合が適当であり、かつ、ファン・ベルトに損傷がないこと。 （※1)3　エンジン・オイルの量が適当であること。 （※1)4　原動機のかかり具合が不良でなく、かつ、異音がないこと。 （※1)5　低速及び加速の状態が適当であること。
5　灯火装置及び方向指示器	点灯又は点滅具合が不良でなく、かつ、汚れ及び損傷がないこと。
6　ウインド・ウォッシャ及びワイパー	（※1)1　ウインド・ウォッシャの液量が適当であり、かつ、噴射状態が不良でないこと。 （※1)2　ワイパーの払拭状態が不良でないこと。
7　エア・タンク	エア・タンクに凝水がないこと。
8　運行において異状が認められた箇所	当該箇所に異状がないこと。

（注）①　（※1）印の点検は、当該自動車の走行距離、運行時の状態等から判断した適切な時
　　　　期に行うことで足りる。
　　　②　（※2）印の点検は、車両総重量8トン以上又は乗車定員30人以上の自動車に限る。

別表第2（自家用乗用自動車等の日常点検基準）（第1条関係）

点検箇所	点検内容
1　ブレーキ	1　ブレーキ・ペダルの踏みしろが適当で、ブレーキのききが十分であること。 2　ブレーキの液量が適当であること。 3　駐車ブレーキ・レバーの引きしろが適当であること。
2　タイヤ	1　タイヤの空気圧が適当であること。 2　亀裂及び損傷がないこと。 3　異状な摩耗がないこと。 4　溝の深さが十分であること。
3　バッテリ	液量が適当であること。
4　原動機	1　冷却水の量が適当であること。 2　エンジン・オイルの量が適当であること。 3　原動機のかかり具合が不良でなく、かつ、異音がないこと。 4　低速及び加速の状態が適当であること。
5　灯火装置及び方向指示器	点灯又は点滅具合が不良でなく、かつ、汚れ及び損傷がないこと。
6　ウインド・ウォッシャ及びワイパー	1　ウインド・ウォッシャの液量が適当であり、かつ、噴射状態が不良でないこと。 2　ワイパーの払拭状態が不良でないこと。
7　運行において異状が認められた箇所	当該箇所に異状がないこと。

別表第3（事業用自動車等の定期点検基準）（第2条、第5条関係）

点検箇所		点検時期　3月ごと	12月ごと（3月ごとの点検に次の点検を加えたもの）
かじ取り装置	ハンドル		操作具合
	ギヤ・ボックス		1　油漏れ 2　取付けの緩み

	ロッド及びアーム類	（※2）　緩み、がた及び損傷	ボール・ジョイントのダスト・ブーツの亀裂及び損傷
	ナックル	（※2）　連結部のがた	
	かじ取り車輪		ホイール・アライメント
	パワー・ステアリング装置	1　ベルトの緩み及び損傷 （※2）2　油漏れ及び油量	取付けの緩み
制動装置	ブレーキ・ペダル	1　遊び及び踏み込んだときの床板とのすき間 2　ブレーキの効き具合	
	駐車ブレーキ機構	1　引きしろ 2　ブレーキの効き具合	
	ホース及びパイプ	漏れ、損傷及び取付状態	
	リザーバ・タンク	液量	
	マスタ・シリンダ、ホイール・シリンダ及びディスク・キャリパ		機能、摩耗及び損傷
	ブレーキ・チャンバ	ロッドのストローク	機能
	ブレーキ・バルブ、クイック・レリーズ・バルブ及びリレー・バルブ		機能
	倍力装置		1　エア・クリーナの詰まり 2　機能
	ブレーキ・カム		摩耗

	ブレーキ・ドラム及びブレーキ・シュー	1　ドラムとライニングとのすき間 (※2)2　シューの摺動部分及びライニングの摩耗	ドラムの摩耗及び損傷
	バック・プレート		バック・プレートの状態
	ブレーキ・ディスク及びパッド	(※2)1　ディスクとパッドとのすき間 (※2)2　パッドの摩耗	ディスクの摩耗及び損傷
	センタ・ブレーキ・ドラム及びライニング	1　ドラムの取付けの緩み 2　ドラムとライニングとのすき間	1　ライニングの摩耗 2　ドラムの摩耗及び損傷
	二重安全ブレーキ機構		機能
走行装置	ホイール	(※2)1　タイヤの状態 2　ホイール・ナット及びホイール・ボルトの緩み (※2)3　フロント・ホイール・ベアリングのがた	(※3)1　ホイール・ナット及びホイール・ボルトの損傷 2　リム、サイド・リング及びディスク・ホイールの損傷 3　リヤ・ホイール・ベアリングのがた
緩衝装置	リーフ・サスペンション	スプリングの損傷	取付部及び連結部の緩み、がた及び損傷
	コイル・サスペンション		1　スプリングの損傷 2　取付部及び連結部の緩み、がた及び損傷
	エア・サスペンション	1　エア漏れ (※2)2　ベローズの損傷 (※2)3　取付部及び連結部の緩み及び損傷	レベリング・バルブの機能

	ショック・アブソーバ	油漏れ及び損傷	
動力伝達装置	クラッチ	1　ペダルの遊び及び切れたときの床板とのすき間 2　作用 3　液量	
	トランスミッション及びトランスファ	（※2）　油漏れ及び油量	
	プロペラ・シャフト及びドライブ・シャフト	（※2）　連結部の緩み	1　自在継手部のダスト・ブーツの亀裂及び損傷 2　継手部のがた 3　センタ・ベアリングのがた
	デファレンシャル	（※2）　油漏れ及び油量	
電気装置	点火装置	（※2）（※4）1　点火プラグの状態 2　点火時期	ディストリビュータのキャップの状態
	バッテリ	ターミナル部の接続状態	
	電気配線	接続部の緩み及び損傷	
原動機	本体	（※2）1　エア・クリーナ・エレメントの状態 2　低速及び加速の状態 3　排気の状態	シリンダ・ヘッド及びマニホールド各部の締付状態
	潤滑装置	油漏れ	
	燃料装置	燃料漏れ	
	冷却装置	ファン・ベルトの緩み及び損傷	水漏れ

ばい煙、悪臭の あるガス、有害 なガス等の発散 防止装置	ブローバイ・ガス還元 装置		1　メタ—リング・バ ルブの状態 2　配管の損傷
	燃料蒸発ガス排出抑止 装置		1　配管等の損傷 2　チャコール・キャ ニスタの詰まり及び 損傷 3　チェック・バルブ の機能
	一酸化炭素等発散防止 装置		1　触媒反応方式等排 出ガス減少装置の取 付けの緩み及び損傷 2　二次空気供給装置 の機能 3　排気ガス再循環装 置の機能 4　減速時排気ガス減 少装置の機能 5　配管の損傷及び取 付状態
警音器、窓拭き器、洗浄液噴射装置、デ フロスタ及び施錠装置			作用
エグゾースト・パイプ及びマフラ	（※2）　取付けの緩み 及び損傷		マフラの機能
エア・コンプレッサ	エア・タンクの凝水		コンプレッサ、プレッ シャ・レギュレータ及 びアンローダ・バルブ の機能
高圧ガスを燃料とする燃料装置等	導管及び継手部のガス 漏れ及び損傷		ガス容器取付部の緩み 及び損傷
車枠及び車体	1　非常口の扉の機能 2　緩み及び損傷 （※3）3　スペアタイヤ 取付装置の緩 み、がた及び損 傷 （※3）4　スペアタイヤ の取付状態		

		（※3)5　ツールボックスの取付部の緩み及び損傷
連結装置		1　カプラの機能及び損傷 2　ピントル・フックの摩耗、亀(き)裂及び損傷
座席		（※1)　座席ベルトの状態
開扉発車防止装置		機能
その他	シャシ各部の給油脂状態	（※5)（※6)　車載式故障診断装置の診断の結果

(注)① 　（※1)印の点検は、人の運送の用に供する自動車に限る。

　② 　（※2)印の点検は、自動車検査証の交付を受けた日又は当該点検を行つた日以降の走行距離が3月当たり2千キロメートル以下の自動車については、前回の当該点検を行うべきこととされる時期に当該点検を行わなかつた場合を除き、行わないことができる。

　③ 　（※3)印の点検は、車両総重量8トン以上又は乗車定員30人以上の自動車に限る。

　④ 　（※4)印の点検は、点火プラグが白金プラグ又はイリジウム・プラグの場合は、行わないことができる。

　⑤ 　（※5)印の点検は、大型特殊自動車を除く。

　⑥ 　（※6)印の点検は、原動機、制動装置、アンチロック・ブレーキシステム及びエアバッグ（かじ取り装置並びに車枠及び車体に備えるものに限る。）、衝突被害軽減制動制御装置、自動命令型操舵機能及び自動運行装置に係る識別表示（道路運送車両の保安基準（昭和26年運輸省令第74号）に適合しないおそれがあるものとして警報するものに限る。）の点検をもって代えることができる。

別表第4（被牽(けん)引自動車の定期点検基準）（第2条、第5条関係）

点検箇所	点検時期	3月ごと	12月ごと（3月ごとの点検に次の点検を加えたもの)
制動装置	ブレーキ・ペダル	ブレーキの効き具合	
	駐車ブレーキ機構	1　引きしろ 2　ブレーキの効き具合	

	ホース及びパイプ	漏れ、損傷及び取付状態	
	ブレーキ・チャンバ	ロッドのストローク	機能
	リレー・エマージェンシ・バルブ		機能
	ブレーキ・カム		摩耗
	ブレーキ・ドラム及びブレーキ・シュー	1　ドラムとライニングとのすき間 (※1)2　シューの摺動部分及びライニングの摩耗	ドラムの摩耗及び損傷
	バック・プレート		バック・プレートの状態
	ブレーキ・ディスク及びパッド	(※1)1　ディスクとパッドとのすき間 (※1)2　パッドの摩耗	ディスクの摩耗及び損傷
走行装置	ホイール	(※1)1　タイヤの状態 2　ホイール・ナット及びホイール・ボルトの緩み	(※2)1　ホイール・ナット及びホイール・ボルトの損傷 2　リム、サイド・リング及びディスク・ホイールの損傷 3　ホイール・ベアリングのがた
緩衝装置	リーフ・サスペンション	スプリングの損傷	取付部及び連結部の緩み、がた及び損傷
	エア・サスペンション	1　エア漏れ (※1)2　ベローズの損傷 (※1)3　取付部及び連結部の緩み並びに損傷	レベリング・バルブの機能
	ショック・アブソーバ	油漏れ及び損傷	

電気装置	電気配線	接続部の緩み及び損傷	
エア・コンプレッサ		エア・タンクの凝水	
車枠及び車体		1　緩み及び損傷 （※2)2　スペアタイヤ取付装置の緩み、がた及び損傷 （※2)3　スペアタイヤの取付状態 （※2)4　ツールボックスの取付部の緩み及び損傷	
連結装置			1　カプラの機能及び損傷 2　キング・ピン及びルネット・アイの摩耗、亀裂及び損傷
その他		シャシ各部の給油脂状態	

(注)①　（※1)印の点検は、自動車検査証の交付を受けた日又は当該点検を行つた日以降の走行距離が3月当たり2千キロメートル以下の自動車については、前回の当該点検を行うべきこととされる時期に当該点検を行わなかつた場合を除き、行わないことができる。

②　（※2)印の点検は、車両総重量8トン以上の自動車に限る。

別表第5（自家用貨物自動車等の定期点検基準）（第2条、第5条関係）

点検箇所		点検時期　　6月ごと	12月ごと（6月ごとの点検に次の点検を加えたもの）
かじ取り装置	ハンドル		操作具合
	ギヤ・ボックス		取付けの緩み
	ロッド及びアーム類		1　緩み、がた及び損傷 2　ボール・ジョイントのダスト・ブーツの亀裂及び損傷

	ナックル		連結部のがた
	かじ取り車輪		（※1）　ホイール・アライメント
	パワー・ステアリング装置	ベルトの緩み及び損傷	1　油漏れ及び油量 2　取付けの緩み
制動装置	ブレーキ・ペダル	（※1)1　遊び及び踏み込んだときの床板とのすき間 （※1)2　ブレーキの効き具合	1　遊び及び踏み込んだときの床板とのすき間 2　ブレーキの効き具合
	駐車ブレーキ機構	（※1)1　引きしろ （※1)2　ブレーキの効き具合	1　引きしろ 2　ブレーキの効き具合
	ホース及びパイプ	漏れ、損傷及び取付状態	
	リザーバ・タンク		液量
	マスタ・シリンダ、ホイール・シリンダ及びディスク・キャリパ		機能、摩耗及び損傷
	ブレーキ・バルブ、クイック・レリーズ・バルブ及びリレー・バルブ		機能
	倍力装置		1　エア・クリーナの詰まり 2　機能
	ブレーキ・ドラム及びブレーキ・シュー	ドラムとライニングとのすき間	1　シューの摺動部分及びライニングの摩耗 2　ドラムの摩耗及び損傷
	ブレーキ・ディスク及びパッド		1　ディスクとパッドとのすき間 2　パッドの摩耗 3　ディスクの摩耗及び損傷

	センタ・ブレーキ・ドラム及びライニング		1　ドラムの取付けの緩み 2　ドラムとライニングとのすき間 3　ライニングの摩耗 4　ドラムの摩耗及び損傷
	二重安全ブレーキ機構		機能
走行装置	ホイール	ホイール・ナット及びホイール・ボルトの緩み	(※4)1　タイヤの状態 2　フロント・ホイール・ベアリングのがた 3　リヤ・ホイール・ベアリングのがた
緩衝装置	リーフ・サスペンション		1　スプリングの損傷 2　取付部及び連結部の緩み、がた及び損傷
	コイル・サスペンション		取付部及び連結部の緩み、がた及び損傷
	ショック・アブソーバ		油漏れ及び損傷
動力伝達装置	クラッチ	1　ペダルの遊び及び切れたときの床板とのすき間 2　作用	液量
	トランスミッション及びトランスファ	(※4)　油漏れ及び油量	
	プロペラ・シャフト及びドライブ・シャフト	(※4)　連結部の緩み	1　自在継手部のダスト・ブーツの亀裂及び損傷 2　継手部のがた 3　センタ・ベアリングのがた

	デファレンシャル	(※4)　油漏れ及び油量	
電気装置	点火装置	(※4)(※5)1　点火プラグの状態 2　点火時期	ディストリビュータのキャップの状態
	バッテリ		ターミナル部の接続状態
	電気配線		接続部の緩み及び損傷
原動機	本体	1　排気の状態 (※4)2　エア・クリーナ・エレメントの状態 (※2)3　エア・クリーナの油の汚れ及び量	低速及び加速の状態
	潤滑装置	油漏れ	
	燃料装置		燃料漏れ
	冷却装置	ファン・ベルトの緩み及び損傷	水漏れ
ばい煙、悪臭のあるガス、有害なガス等の発散防止装置	ブローバイ・ガス還元装置		1　メターリング・バルブの状態 2　配管の損傷
	燃料蒸発ガス排出抑止装置		(※1)1　配管等の損傷 (※1)2　チャコール・キャニスタの詰まり及び損傷 (※1)3　チェック・バルブの機能
	一酸化炭素等発散防止装置		1　触媒反応方式等排出ガス減少装置の取付けの緩み及び損傷 2　二次空気供給装置の機能

			3　排気ガス再循環装置の機能 4　減速時排気ガス減少装置の機能 5　配管の損傷及び取付状態
警音器、窓拭き器、洗浄液噴射装置、デフロスタ及び施錠装置			作用
エグゾースト・パイプ及びマフラ			（※4）1　取付けの緩み及び損傷 2　マフラの機能
エア・コンプレッサ		エア・タンクの凝水	コンプレッサ、プレッシャ・レギュレータ及びアンローダ・バルブの機能
車枠及び車体			緩み及び損傷
座席			（※3）　座席ベルトの状態
その他		シャシ各部の給油脂状態	（※6）（※7）　車載式故障診断装置の診断の結果

(注)① 　（※1)印の点検は、大型特殊自動車にあつては、行わなくてもよい。

②　（※2)印の点検は、大型特殊自動車に限る。

③　（※3)印の点検は、道路運送法第80条第1項の規定により受けた許可に係る自動車に限る。

④　（※4)印の点検は、自動車検査証の交付を受けた日又は当該点検を行つた日以降の走行距離が6月当たり4千キロメートル以下の自動車については、前回の当該点検を行うべきこととされる時期に当該点検を行わなかつた場合を除き、行わないことができる。

⑤　（※5)印の点検は、点火プラグが白金プラグ又はイリジウム・プラグの場合は、行わないことができる。

⑥　（※6)印の点検は、大型特殊自動車を除く。

⑦　（※7)印の点検は、原動機、制動装置、アンチロック・ブレーキシステム及びエアバッグ（かじ取り装置並びに車枠及び車体に備えるものに限る。）、衝突被害軽減制動制御装置、自動命令型操舵機能及び自動運行装置に係る識別表示（道路運送車両の保安基準に適合しないおそれがあるものとして警報するものに限る。）の点検をもって代えることができる。

別表第5の2（有償で貸し渡す自家用二輪自動車等の定期点検基準）（第2条、第5条関係）

点検箇所	点検時期	6月ごと	12月ごと（6月ごとの点検に次の点検を加えたもの）
かじ取り装置	ハンドル		操作具合
	フロント・フォーク	ステアリング・ステムの軸受部のがた	1　損傷 2　ステアリング・ステムの取付状態
制動装置	ブレーキ・ペダル及びブレーキ・レバー	1　遊び 2　ブレーキの効き具合	
	ロッド及びケーブル類	緩み、がた及び損傷	
	ホース及びパイプ	漏れ、損傷及び取付状態	
	マスタ・シリンダ、ホイール・シリンダ及びディスク・キャリパ	液漏れ	機能、摩耗及び損傷
	ブレーキ・ドラム及びブレーキ・シュー	（※1）1　ドラムとライニングとのすき間 （※1）2　シューの摺動部分及びライニングの摩耗	ドラムの摩耗及び損傷
	ブレーキ・ディスク及びパッド	（※1）1　ディスクとパッドとのすき間 （※1）2　パッドの摩耗	ディスクの摩耗及び損傷
走行装置	ホイール	（※1）1　タイヤの状態 2　ホイール・ナット及びホイール・ボルトの緩み （※1）3　フロント・ホイール・ベアリングのがた （※1）4　リヤ・ホイール・ベアリングのがた	

緩衝装置	サスペンション・アーム		連結部のがた及びアームの損傷
	ショック・アブソーバ		油漏れ及び損傷
動力伝達装置	クラッチ	クラッチ・レバーの遊び	作用
	トランスミッション	（※1）　油漏れ及び油量	
	プロペラ・シャフト及びドライブ・シャフト		継手部のがた
	チェーン及びスプロケット	1　チェーンの緩み 2　スプロケットの取付状態及び摩耗	
	ドライブ・ベルト	（※1）　摩耗及び損傷	
電気装置	点火装置	（※1）（※2)1　点火プラグの状態 2　点火時期	
	バッテリ	ターミナル部の接続状態	
	電気配線		接続部の緩み及び損傷
原動機	本体	（※1)1　エア・クリーナ・エレメントの状態 2　低速及び加速の状態 3　排気の状態	
	潤滑装置	油漏れ	
	燃料装置	1　燃料漏れ 2　リンク機構の状態 3　スロットル・バルブ及びチョーク・バルブの作動状態	
	冷却装置	水漏れ	

ばい煙、悪臭のあるガス、有害なガス等の発散防止装置	ブローバイ・ガス還元装置		配管の損傷
	燃料蒸発ガス排出抑止装置		1　配管等の損傷 2　チャコール・キャニスタの詰まり及び損傷 3　チェック・バルブの機能
	一酸化炭素等発散防止装置		1　二次空気供給装置の機能 2　配管の損傷及び取付状態
エグゾースト・パイプ及びマフラ		取付けの緩み及び損傷	マフラの機能
フレーム		緩み及び損傷	
その他		シャシ各部の給油脂状態	

(注)①　（※1）印の点検は、自動車検査証の交付を受けた日又は当該点検を行った日以降の走行距離が6月当たり1千5百キロメートル以下の自動車については、前回の当該点検を行うべきこととされている時期に当該点検を行わなかった場合を除き、行わないことができる。

　　②　（※2）印の点検は、点火プラグが白金プラグ又はイリジウム・プラグの場合は、行わないことができる。

別表第6（自家用乗用自動車等の定期点検基準）（第2条、第5条関係）

点検箇所	点検時期	1年ごと	2年ごと（1月ごとの点検に次の点検を加えたもの）
かじ取り装置	ハンドル		操作具合
	ギヤ・ボックス		（※1）　取付けの緩み
	ロッド及びアーム類		（※1）1　緩み、がた及び損傷 2　ボール・ジョイントのダスト・ブーツの亀裂及び損傷

	かじ取り車輪		（※1）　ホイール・ア 　　　ライメント
	パワー・ステアリング 装置	ベルトの緩み及び損傷	1　油漏れ及び油量 （※1)2　取付けの緩み
制動装置	ブレーキ・ペダル	1　遊び及び踏み込ん 　　だときの床板とのす 　　き間 2　ブレーキの効き具 　　合	
	駐車ブレーキ機構	1　引きしろ 2　ブレーキの効き具 　　合	
	ホース及びパイプ	漏れ、損傷及び取付状 態	
	マスタ・シリンダ、ホ イール・シリンダ及び ディスク・キャリパ	液漏れ	機能、摩耗及び損傷
	ブレーキ・ドラム及び ブレーキ・シュー	（※1)1　ドラムとライ 　　　　ニングとのすき 　　　　間 （※1)2　シューの摺 　　　　動部分及びライ 　　　　ニングの摩耗	ドラムの摩耗及び損傷
	ブレーキ・ディスク及 びパッド	（※1)1　ディスクとパ 　　　　ッドとのすき間 （※1)2　パッドの摩耗	ディスクの摩耗及び損 傷
走行装置	ホイール	（※1)1　タイヤの状態 （※1)2　ホイール・ナ 　　　　ット及びホイー 　　　　ル・ボルトの緩 　　　　み	（※1)1　フロント・ホ 　　　　イール・ベアリ 　　　　ングのがた （※1)2　リヤ・ホイー 　　　　ル・ベアリング 　　　　のがた
緩衝装置	取付部及び連結部		緩み、がた及び損傷
	ショック・アブソーバ		油漏れ及び損傷

動力伝達装置	クラッチ	ペダルの遊び及び切れたときの床板とのすき間	
	トランスミッション及びトランスファ	（※1）　油漏れ及び油量	
	プロペラ・シャフト及びドライブ・シャフト	（※1）　連結部の緩み	自在継手部のダスト・ブーツの亀裂及び損傷
	デファレンシャル		（※1）　油漏れ及び油量
電気装置	点火装置	（※1）（※2）1　点火プラグの状態 2　点火時期 3　ディストリビュータのキャップの状態	
	バッテリ	ターミナル部の接続状態	
	電気配線		接続部の緩み及び損傷
原動機	本体	1　排気の状態 （※1）2　エア・クリーナ・エレメントの状態	
	潤滑装置	油漏れ	
	燃料装置		燃料漏れ
	冷却装置	1　ファン・ベルトの緩み及び損傷 2　水漏れ	
ばい煙、悪臭のあるガス、有害なガス等の発散防止装置	ブローバイ・ガス還元装置		1　メターリング・バルブの状態 2　配管の損傷
	燃料蒸発ガス排出抑止装置		1　配管等の損傷 2　チャコール・キャニスタの詰まり及び損傷 3　チェック・バルブの機能

	一酸化炭素等発散防止装置		1　触媒反応方式等排出ガス減少装置の取付けの緩み及び損傷 2　二次空気供給装置の機能 3　排気ガス再循環装置の機能 4　減速時排気ガス減少装置の機能 5　配管の損傷及び取付状態
エグゾースト・パイプ及びマフラ		（※1）　取付けの緩み及び損傷	マフラの機能
車枠及び車体			緩み及び損傷
その他		（※3）　車載式故障診断装置の診断の結果	

(注)①　法第61条第2項の規定により自動車検査証の有効期間を3年とされた自動車にあつては、2年目の点検は1年ごとの欄に掲げる基準によるものとし、3年目の点検は2年ごとの欄に掲げる基準によるものとする。

②　（※1)印の点検は、自動車検査証の交付を受けた日又は当該点検を行つた日以降の走行距離が1年当たり5千キロメートル以下の自動車については、前回の当該点検を行うべきこととされる時期に当該点検を行わなかつた場合を除き、行わないことができる。

③　（※2)印の点検は、点火プラグが白金プラグ又はイリジウム・プラグの場合は、行わないことができる。

④　（※3)印の点検は、原動機、制動装置、アンチロック・ブレーキシステム及びエアバッグ（かじ取り装置並びに車枠及び車体に備えるものに限る。）、衝突被害軽減制動制御装置、自動命令型操舵機能及び自動運行装置に係る識別表示（道路運送車両の保安基準に適合しないおそれがあるものとして警報するものに限る。）の点検をもって代えることができる。

別表第7（二輪自動車の定期点検基準）（第2条、第5条関係）

点検箇所	点検時期	1年ごと	2年ごと（1年ごとの点検に次の点検を加えたもの）
かじ取り装置	ハンドル		操作具合
	フロント・フォーク	ステアリング・ステムの軸受部のがた	1　損傷 2　ステアリング・ステムの取付状態

制動装置	ブレーキ・ペダル及び ブレーキ・レバー	1　遊び 2　ブレーキの効き具 　合	
	ロッド及びケーブル類	緩み、がた及び損傷	
	ホース及びパイプ	漏れ、損傷及び取付状 態	
	マスタ・シリンダ、ホ イール・シリンダ及び ディスク・キャリパ	液漏れ	機能、摩耗及び損傷
	ブレーキ・ドラム及び ブレーキ・シュー	(※1)1　ドラムとライ 　　　ニングとのすき 　　　間 (※1)2　シューの摺 　　　動部分及びライ 　　　ニングの摩耗	ドラムの摩耗及び損傷
	ブレーキ・ディスク及 びパッド	(※1)1　ディスクとパ 　　　ッドとのすき間 (※1)2　パッドの摩耗	ディスクの摩耗及び損 傷
走行装置	ホイール	(※1)1　タイヤの状態 2　ホイール・ナット 　及びホイール・ボル 　トの緩み (※1)3　フロント・ホ 　　　イール・ベアリ 　　　ングのがた (※1)4　リヤ・ホイー 　　　ル・ベアリング 　　　のがた	
緩衝装置	サスペンション・アー ム		連結部のがた及びアー ムの損傷
	ショック・アブソーバ		油漏れ及び損傷
動力伝達装置	クラッチ	クラッチ・レバーの遊 び	作用
	トランスミッション	(※1)　油漏れ及び油 　　　量	

	プロペラ・シャフト及びドライブ・シャフト		継手部のがた
	チェーン及びスプロケット	1　チェーンの緩み 2　スプロケットの取付状態及び摩耗	
	ドライブ・ベルト	（※1）　摩耗及び損傷	
電気装置	点火装置	（※1）（※2）1　点火プラグの状態 2　点火時期	
	バッテリ	ターミナル部の接続状態	
	電気配線		接続部の緩み及び損傷
原動機	本体	（※1）1　エア・クリーナ・エレメントの状態 2　低速及び加速の状態 3　排気の状態	
	潤滑装置	油漏れ	
	燃料装置	1　燃料漏れ 2　リンク機構の状態 3　スロットル・バルブ及びチョーク・バルブの作動状態	
	冷却装置	水漏れ	
ばい煙、悪臭のあるガス、有害なガス等の発散防止装置	ブローバイ・ガス還元装置		配管の損傷
	燃料蒸発ガス排出抑止装置		1　配管等の損傷 2　チャコール・キャニスタの詰まり及び損傷 3　チェック・バルブの機能

	一酸化炭素等発散防止装置		1　二次空気供給装置の機能 2　配管の損傷及び取付状態
エグゾースト・パイプ及びマフラ	取付けの緩み及び損傷	マフラの機能	
フレーム	緩み及び損傷		
その他	シャシ各部の給油脂状態		

(注)①　法第61条第2項の規定により自動車検査証の有効期間を3年とされた自動車にあつては、2年目の点検は1年ごとの欄に掲げる基準によるものとし、3年目の点検は2年ごとの欄に掲げる基準によるものとする。

　　②　（※1)印の点検は、自動車検査証の交付を受けた日又は当該点検を行つた日以降の走行距離が1年当たり1千5百キロメートル以下の自動車については、前回の当該点検を行うべきこととされる時期に当該点検を行わなかつた場合を除き、行わないことができる。

　　③　（※2)印の点検は、点火プラグが白金プラグ又はイリジウム・プラグの場合は、行わないことができる。

○道路運送車両の保安基準（抄）

（昭和26年7月28日
運輸省令第67号）

最終改正　令和3年9月30日国土交通省令第59号

（自動運行装置）

第48条　自動車（二輪自動車、側車付二輪自動車、三輪自動車、カタピラ及びそりを有する軽自動車、大型特殊自動車、小型特殊自動車並びに被牽引自動車を除く。）には、自動運行装置を備えることができる。

2　自動運行装置を備える自動車は、プログラムによる当該自動車の自動的な運行の安全性を確保できるものとして、機能、性能等に関し告示で定める基準に適合しなければならない。

3　法第75条の3第1項の規定によりその型式について指定を受ける自動運行装置は、当該装置を備える自動車を前項の基準に適合させるものでなければならない。

○道路運送車両の保安基準の細目を定める告示（抄）

$$\binom{平\,成\,14\,年\,7\,月\,15\,日}{国土交通省告示第619号}$$

最終改正　令和3年9月30日国土交通省告示第1294号

（自動運行装置）

第72条の2　自動運行装置を備える自動車の機能、性能等に関し、保安基準第48条第2項の告示で定める基準は、次に掲げる基準とする。

一　自動運行装置の作動中、他の交通の安全を妨げるおそれがないものであり、かつ、乗車人員の安全を確保できるものであること。

二　運転者の意図した操作によってのみ自動運行装置が作動するものであり、かつ、運転者の意図した操作によって当該装置の作動を停止することができるものであること。

三　自動運行装置の作動中、施行規則第31条の2の2第4項の規定により付された条件（第5条又は第83条の規定を適用する場合にあっては、施行規則第31条の2の2第1項第3号の状況）（以下「走行環境条件」という。）を満たさなくなる場合において、事前に十分な時間的余裕をもって、運転者に対し運転操作を促す警報を発するものであること。この場合において、当該警報は、運転者による運転操作が行われた場合又は第5号の制御が開始した場合にのみ終了することができるものとし、警報を発した後に走行環境条件を満たさなくなったときは、自動運行装置は、作動していないものとみなす。

四　自動運行装置の作動中、自動運行装置が正常に作動しないおそれがある状態となった場合において、直ちに、前号の警報を発するものであること。この場合において、当該警報は、運転者による運転操作が行われた場合又は次号の制御が開始した場合にのみ終了することができるものとし、自動運行装置は、作動していないものとみなす。

五　走行環境条件を満たさなくなった場合又は自動運行装置が正常に作動しないおそれがある状態となった場合において、運転者が第3号又は前号の警報に従って運転操作を行わないときは、リスクの最小化を図るための制御（以下「リスク最小化制御」という。）が作動し、当該制御により車両が安全に停止するものであること。

六　第3号の場合において、急激な天候の悪化その他の予測することができないやむを得ない事由により、事前に十分な時間的余裕をもって警報を発することが困難なときは、同号及び前号の規定にかかわらず、当該事由の発生後直ちに、第3号の警報を発するとともに、走行環境条件を満たさなくなった場合には直ちに、リスク最小化制御が作動し、当該制御により車両が安全に停止するものであればよい。この場合において、当該警報は、運転者による運転操作が行われた場合又は当該制御が作動した場合にのみ終了することができる。

七　自動運行装置若しくはリスク最小化制御の作動中又は第3号若しくは第4号の警報が発せられている間、他の交通又は障害物との衝突のおそれがある場合には、衝突を防止する又は衝突時の被害を最大限軽減するための制御が作動するものであること。

八　走行環境条件を満たさなくなった後、再び当該条件を満たした場合は、運転者の意

　　図した操作によりあらかじめ承諾を得ている場合に限り、第2号、第5号及び第6号の規
　　定にかかわらず、自動運行装置は自動的に作動を再開することができる。
九　次に掲げる場合において、自動運行装置が作動しないものであること。
　イ　走行環境条件を満たしていない場合
　ロ　自動運行装置が正常に作動しないおそれがある場合
十　自動運行装置の作動状態（自動運行装置が作動可能な状態にあるかどうかを含む。）
　　を運転者に表示するものであること。また、当該表示は運転者が容易に確認でき、か
　　つ、当該状態を容易に判別できるものであること。
十一　自動運行装置の作動中、運転者が第3号の警報に従って運転操作を行うことがで
　　きる状態にあるかどうかを常に監視し、運転者が当該状態にない場合には、その旨を
　　運転者に警報するものであること。また、運転者が当該警報に従って当該状態になら
　　ない場合には、リスク最小化制御が作動するものであること。
十二　自動運行装置が正常に作動しないおそれがある状態となっている場合、その旨を
　　運転者に視覚的に警報するものであること。
十三　自動運行装置の機能について冗長性をもって設計されていること。
十四　高速道路等における運行時に車両を車線内に保持する機能を有する自動運行装置
　　を備える自動車（専ら乗用の用に供する自動車（二輪自動車、側車付二輪自動車、三
　　輪自動車、カタピラ及びそりを有する軽自動車並びに被牽引自動車を除く。）であって
　　乗車定員10人未満のもの及び貨物の運送の用に供する自動車（三輪自動車、カタピラ
　　及びそりを有する軽自動車並びに被牽引自動車を除く。）であって車両総重量が3.5ｔ
　　以下のもののうち、自動運行装置作動中の最高速度が60㎞／ｈ以下であるものに限
　　る。）にあっては、協定規則第157号の規則5.、6.及び7.に定める基準に適合するもの
　　であること。この場合において、協定規則第157号の規則5.、6.及び7.に適合する自動
　　車であって、第6号の規定の適用を受けるものは、同号の規定にかかわらず、第3号の
　　警報を発した10秒後以降にリスク最小化制御が作動する自動車は第6号の基準に適合
　　するものとし、協定規則第157号の規則5.5.1.にかかわらず、リスク最小化制御中に、
　　安全を確保しつつ当該装置が車線変更操作（路肩に対するものを含む。）を実行するこ
　　とができるものとする。
十五　自動運行装置に備える作動状態記録装置（自動運行装置の機能の作動状態の確認
　　に必要な情報を記録するための装置をいう。以下同じ。）は、次のイ又はロに掲げる自
　　動車の区分に応じ、それぞれイ又はロに定める基準に適合するものであること。
　　イ　前号の基準に適合する自動運行装置を備える自動車　協定規則第157号の規則8.
　　　（8.4.1.を除く。）に定める基準及び別添123「作動状態記録装置の技術基準」3.3.
　　　の基準。この場合において、同別添3.3.1.中「3.1.」とあり、及び同別添3.3.1.2.
　　　中「3.1.1.1.から3.1.1.6.まで」とあるのは、「協定規則第157号の規則8.3.」と読
　　　み替えるものとする。
　　ロ　自動運行装置を備える自動車（イに掲げる自動車を除く。）　別添123「作動状態
　　　記録装置の技術基準」に定める基準

（自動運行装置）

第150条の2　自動運行装置を備える自動車の機能、性能等に関し、保安基準第48条第2項の
告示で定める基準は、次に掲げる基準とする。

一　自動運行装置の作動中、他の交通の安全を妨げるおそれがないものであり、かつ、
乗車人員の安全を確保できるものであること。

二　運転者の意図した操作によってのみ自動運行装置が作動するものであり、かつ、運
転者の意図した操作によって当該装置の作動を停止することができるものであるこ
と。

三　自動運行装置の作動中、走行環境条件を満たさなくなる場合において、事前に十分
な時間的余裕をもって、運転者に対し運転操作を促す警報を発するものであること。
この場合において、当該警報は、運転者による運転操作が行われた場合又は第5号の制
御が開始した場合にのみ終了することができるものとし、警報を発した後に走行環境
条件を満たさなくなったときは、自動運行装置は、作動していないものとみなす。

四　自動運行装置の作動中、自動運行装置が正常に作動しないおそれがある状態となっ
た場合において、直ちに、前号の警報を発するものであること。この場合において、
当該警報は、運転者による運転操作が行われた場合又は次号の制御が開始した場合に
のみ終了することができるものとし、自動運行装置は、作動していないものとみなす。

五　走行環境条件を満たさなくなった場合又は自動運行装置が正常に作動しないおそれ
がある状態となった場合において、運転者が第3号又は前号の警報に従って運転操作
を行わないときは、リスク最小化制御が作動し、当該制御により車両が安全に停止す
るものであること。

六　第3号の場合において、急激な天候の悪化その他の予測することができないやむを
得ない事由により、事前に十分な時間的余裕をもって警報を発することが困難なとき
は、同号及び前号の規定にかかわらず、当該事由の発生後直ちに、第3号の警報を発す
るとともに、走行環境条件を満たさなくなった場合には直ちに、リスク最小化制御が
作動し、当該制御により車両が安全に停止するものであればよい。この場合において、
当該警報は、運転者による運転操作が行われた場合又は当該制御が作動した場合にの
み終了することができる。

七　自動運行装置若しくはリスク最小化制御の作動中又は第3号若しくは第4号の警報が
発せられている間、他の交通又は障害物との衝突のおそれがある場合には、衝突を防
止する又は衝突時の被害を最大限軽減するための制御が作動するものであること。

八　走行環境条件を満たさなくなった後、再び当該条件を満たした場合は、運転者の意
図した操作によりあらかじめ承諾を得ている場合に限り、第2号、第5号及び第6号の規
定にかかわらず、自動運行装置は自動的に作動を再開することができる。

九　次に掲げる場合において、自動運行装置が作動しないものであること。

イ　走行環境条件を満たしていない場合

ロ　自動運行装置が正常に作動しないおそれがある場合

十　自動運行装置の作動状態（自動運行装置が作動可能な状態にあるかどうかを含む。）
を運転者に表示するものであること。また、当該表示は運転者が容易に確認でき、か

　　つ、当該状態を容易に判別できるものであること。

十一　自動運行装置の作動中、運転者が第3号の警報に従って運転操作を行うことができる状態にあるかどうかを常に監視し、運転者が当該状態にない場合には、その旨を運転者に警報するものであること。また、運転者が当該警報に従って当該状態にならない場合には、リスク最小化制御が作動するものであること。

十二　自動運行装置が正常に作動しないおそれがある状態となっている場合、その旨を運転者に視覚的に警報するものであること。

十三　自動運行装置の機能について冗長性をもって設計されていること。

十四　高速道路等における運行時に車両を車線内に保持する機能を有する自動運行装置を備える自動車（専ら乗用の用に供する自動車（二輪自動車、側車付二輪自動車、三輪自動車、カタピラ及びそりを有する軽自動車並びに被牽引自動車を除く。）であって乗車定員10人未満のもの及び貨物の運送の用に供する自動車（三輪自動車、カタピラ及びそりを有する軽自動車並びに被牽引自動車を除く。）であって車両総重量が3.5 t以下のもののうち、自動運行装置作動中の最高速度が60km／h以下であるものに限る。）にあっては、協定規則第157号の規則5.、6.及び7.に定める基準に適合するものであること。この場合において、協定規則第157号の規則5.、6.及び7.に適合する自動車であって、第6号の規定の適用を受けるものは、同号の規定にかかわらず、第3号の警報を発した10秒後以降にリスク最小化制御が作動する自動車は第6号の基準に適合するものとし、協定規則第157号の規則5.5.1.にかかわらず、リスク最小化制御中に、安全を確保しつつ当該装置が車線変更操作（路肩に対するものを含む。）を実行することができるものとする。

十五　自動運行装置に備える作動状態記録装置は、次のイ又はロに掲げる自動車の区分に応じ、それぞれイ又はロに定める基準に適合するものでなければならない。

　　イ　前号の基準に適合する自動運行装置を備える自動車　協定規則第157号の規則8.（8.4.1.を除く。）に定める基準及び別添123「作動状態記録装置の技術基準」3.3.の基準。この場合において、同別添3.3.1.中「3.1.」とあり、及び同別添3.3.1.2.中「3.1.1.1.から3.1.1.6.まで」とあるのは、「協定規則第157号の規則8.3.」と読み替えるものとする。

　　ロ　自動運行装置を備える自動車（イに掲げる自動車を除く。）　　別添123「作動状態記録装置の技術基準」に定める基準

2　次に掲げる自動運行装置であってその機能を損なうおそれのある損傷等のないものは、前項の基準に適合するものとする。

一　指定自動車等に備えられたものと同一の構造を有し、かつ、同一の位置に備えられた自動運行装置

二　法第75条の2第1項の規定に基づき型式の指定を受けた特定共通構造部に備えられている自動運行装置と同一の構造を有し、かつ、同一の位置に備えられている自動運行装置又はこれに準ずる性能を有する自動運行装置

三　法第75条の3第1項の規定に基づき自動運行装置の指定を受けた自動車に備えるものと同一の構造を有し、かつ、同一の位置に備えられた自動運行装置又はこれに準ずる

　　性能を有する自動運行装置

3　別添124「継続検査等に用いる車載式故障診断装置の技術基準」に定める基準に適合しない自動運行装置は、前項の規定にかかわらず、第1項の基準に適合しないものとする。

（自動運行装置）

第228条の2　自動運行装置を備える自動車の機能、性能等に関し、保安基準第48条第2項の告示で定める基準は、自動運行装置の作動中、確実に機能するものであることとする。この場合において、自動運行装置の機能を損なうおそれのある損傷のあるもの又は別添124「継続検査等に用いる車載式故障診断装置の技術基準」に定める基準に適合しないものは、この基準に適合しないものとする。

別添123　作動状態記録装置の技術基準

1.　適用範囲

　　この技術基準は、自動運行装置に備える作動状態記録装置に適用する。

2.　用語の定義

2.1.　「引継ぎ要求」とは、論理的かつ運転者にとって理解しやすい手段を用いて、動的な運転操作を自動運行装置による自動的な制御から引き継ぐことを当該装置から運転者に対して求めることをいう。

2.2.　「リスク最小化制御」とは、交通上のリスクを最小限に抑えることを目的とした制御であって、引継ぎ要求の後に自動運行装置によって自動的に行われるものをいう。

2.3.　「オーバーライド」とは、自動運行装置の作動中における、当該装置による前後方向及び横方向の制御に優先し、運転者の操作により車両が制御されることをいう。

3.　要件

3.1.　データ要素

3.1.1.　作動状態記録装置は、次に掲げる項目を特定できる情報を保存できるものであること。なお、複数の項目に係る時刻が同じものとなる場合、単一の時刻の記録としてもよい。

3.1.1.1.　自動運行装置の作動状況が別の状況に変化した時刻

3.1.1.2.　自動運行装置による引継ぎ要求が発せられた時刻

3.1.1.3.　自動運行装置がリスク最小化制御を開始した時刻

3.1.1.4.　自動運行装置の作動中に運転者が、かじ取装置又は制動装置若しくは加速装置の操作装置への操作によりオーバーライドした時刻

3.1.1.5.　運転者が対応可能でない状態となった時刻

3.1.1.6.　自動運行装置が故障のおそれのある状態となった時刻

3.2.　データ形式

3.2.1.　3.1.1.1.から3.1.1.6.までに掲げる各データ要素は、他のデータ要素と混同を生じさせずに認識されるものでなければならない。

3.3.　データ保存

3.3.1.　3.1.の情報の記録を次の3.3.1.1.又は3.3.1.2.に掲げる期間のうちいずれか短い期間保存できること。この場合において、作動状態記録装置のデータの保存量が記録の

ための容量に達した場合は、追加のデータを保存するために最も早く保存されたデータを消去してもよい。

3.3.1.1.　6ヵ月間

3.3.1.2.　当該情報が記録された後に、2500回を超えて3.1.1.1.から3.1.1.6.までに掲げる情報を記録するまでの間

3.4.　データの取得

3.4.1.　データは、市販されている手段又は電子通信インターフェースにより取得できなければならない。車載の主要電源が利用できない場合には、時刻を伴うデータは作動状態記録装置から取得できなければならない。衝撃を受けた後でも時刻を伴うデータは作動状態記録装置から取得できなければならない。

3.5.　改ざんに対する保護

3.5.1.　改ざん防止のための設計又はその他の方法により保存されたデータの改ざんに対する適切に保護されていなければならない。

別添124　継続検査等に用いる車載式故障診断装置の技術基準

1.　適用範囲

　　この技術基準は、次に掲げる装置（以下「対象装置」という。）のいずれかに故障が生じた場合において当該故障の情報を保存する装置（以下「継続検査用OBD」という。）を備える普通自動車、小型自動車及び軽自動車（国土交通大臣が定めるものを除く。）に適用する。

(1)　法第41条第1項第3号の操縦装置のうちかじ取装置（協定規則第79号に定める高度運転者支援ステアリングシステムに係る部分に限る。）

(2)　法第41条第1項第4号の制動装置のうち走行中の自動車の制動に著しい支障を及ぼす車輪の回転運動の停止を有効に防止することができる装置

(3)　法第41条第1項第4号の制動装置のうち走行中の自動車の旋回に著しい支障を及ぼす横滑り又は転覆を有効に防止することができる装置

(4)　法第41条第1項第4号の制動装置のうち緊急制動時に自動的に制動装置の制動力を増加させる装置

(5)　法第41条第1項第4号の制動装置のうち衝突被害軽減制動制御装置

(6)　法第41条第1項第12号の発散防止装置

(7)　法第41条第1項第14号の警報装置のうち車両接近通報装置

(8)　法第41条第1項第20号の自動運行装置

2.　用語

　　この技術基準に用いる用語の定義は、次の表によるものとする。

用語	定義
故障	正常な働きが損なわれ、修理、部品交換その他の整備を行わなければ正常に回復しない状態であること
故障コード	継続検査用OBDに記録される対象装置の故障の情報を識別するための自動車製作者が定めるコード

特定故障コード	故障コードのうち、当該故障コードのみで対象装置が第1節に規定する基準に適合しなくなると識別できるもの（1.(1)から(5)まで、(7)及び(8)に掲げる装置にあっては、停車状態で行われる診断により記録されるものに限る。）

3.　継続検査用OBDの技術的要件

　　継続検査用OBDは、3.1.又は3.2.の要件を満たすものでなければならない。ただし、当該自動車の構造上適合することが不可能な場合であって、独立行政法人自動車技術総合機構が試験の実施に影響しないと判断した場合は、この限りでない。

3.1.　次に掲げる規定の全てに適合するものであること。

　(1)　故障コードは、ISO 15031-6又はSAE J 2012に従って定められたものであること。

　(2)　接続端子と端子配列は、対象の車載装置に用いる通信プロトコルに応じ、ISO 15031-3、ISO 13400-4又はSAE J 1939-13に準拠したものであること。

　(3)　故障コードに係る通信プロトコル及び通信サービスは、当該対象装置毎にDoK-Line方式、DoCAN方式又はDoIP方式を使用し、次に掲げる標準規格のうちいずれかを用いること。

　　①　ISO 9141

　　②　ISO 14229

　　③　ISO 14230

　　④　ISO 15765

　　⑤　ISO 13400

　　⑥　SAE J 1939

3.2.　別添48「自動車のばい煙、悪臭のあるガス、有害なガス等の発散防止装置に係る車載式故障診断装置の技術基準」Ⅲ.7.3及び9.の規定又は同別添Ⅳ.2.6.3.の規定を満たすものであること。

4.　基準適合性の判定

　　独立行政法人自動車技術総合機構が指定する方法により、継続検査用OBDの必要な情報を読み出した結果、次の表の左欄に掲げる装置の種類に応じ、それぞれ同表の右欄に掲げる要件に該当するものは、本技術基準に適合しないものとする。

装置の種類	不適合要件
1.(1)から(5)まで、(7)及び(8)に掲げる装置	当該装置に係る特定故障コードが1つ以上記録されているものであること。
1.(6)に掲げる装置	次のいずれかの要件に該当するものであること。 (1)　継続検査用OBDが正常に機能するために十分な電圧が確保されていないものであること。 (2)　警告灯（別添48「自動車のばい煙、悪臭のあるガス、有害なガス等の発散防止装置に係る車載式故障診断装置の技術基準」Ⅲ.6.又

はⅣ.2.5.2.（作動モード4に限る。）に定める条件により点灯する
ものに限る。）を点灯させるための信号が出力されているものであ
ること。

(3)　別添48「自動車のばい煙、悪臭のあるガス、有害なガス等の発散
防止装置に係る車載式故障診断装置の技術基準」Ⅲ.の基準が適用
されるものにあっては、Ⅲ.7.1に規定する装置の全てについて、同
別添Ⅳ.の基準が適用されるものにあっては、Ⅳ.2.6.1.5.2.に規
定する監視の全てについて、1つもレディネスコードが記録されて
いないものであること。

(4)　当該装置に係る特定故障コードが1つ以上記録されているもので
あること。

(5)　(1)から(4)までに掲げる要件に該当するかどうかの判定に必要
な情報が継続検査用OBDから読み出せないものであること。

○J-EDRの技術要件

（平成20年3月28日）

1.　目的

　　エアバッグの展開を伴う衝突等の事象の前後の時間において、車両速度等の車両状態に係る計測データを時系列で記録する装置又は機能（Event Data Recorder：以下「EDR」という。）について、技術的な要件を定めることにより、事故分析により適したEDRの普及と利用促進を図り、産・官・学における事故分析の充実を推進し、もって車両安全対策の向上に資することを目的とする。

2.　技術要件の位置付け

　　自動車製作者により、専ら乗用の用に供する自動車（乗車定員10人以上の自動車、二輪自動車、側車付二輪自動車、三輪自動車、カタピラ及びそりを有する軽自動車並びに被牽引自動車を除く。）及び貨物の用に供する車両総重量3.5t以下の自動車に備えられた4.　以降の規定に適合するEDRをJ-EDRと呼び、事故分析での活用を促進する。

　　なお、EDRを自動車に備え付けること、備え付けたEDRがJ-EDR技術要件に適合することは任意である。

3.　用語

　3.1　「不揮発性メモリー」とは、車載装置より伝達された動的、時系列データ等を電磁的に記録し、保持する部品であって、データ等の保持に電源を必要としないものをいう。

　3.2　「車載装置」とは、動的、時系列データ等を不揮発性メモリーに伝達するための装置をいう。

　3.3　「読取装置」とは、エアバッグコントロールユニットに接続し、不揮発性メモリーに保持された動的、時系列データ等を電気信号として読み出しする装置をいう。

　3.4　「時間ゼロ」とは、以下のいずれか早いものをいう。

　　（1）　エアバッグコントロールユニットの乗員拘束制御アルゴリズムが作動開始する時点

　　（2）　常にアルゴリズムが作動しているシステムの場合は、

　　（ⅰ）　縦方向のデルタＶが20ms以内の範囲で0.8km/h（0.5mph）を超える間隔の最初の時点

　　（ⅱ）　横方向の場合は、デルタＶが5ms以内の範囲で0.8km/h（0.5mph）を超える間隔の最初の時点

　　（3）　エアバッグの展開

　3.5　「デルタＶ」とは、速度の累積的な変化をいう。

　3.6　「事故」とは、衝突、または起動閾値に達するかそれを超える原因となるその他の物理的事象、または、エアバッグ展開のいずれかをいう。

4.　一般規定

　4.1　データ要素の記録

　　4.1.1　J-EDRは、別表1第1欄に掲げるデータ要素を同表第2欄に掲げる記録間隔／時

間及び第3欄に掲げるデータサンプル率により記録できるものであること。また、別表2第1欄に掲げるデータ要素を記録する場合は、同表第3欄に掲げる記録間隔／時間及び同表第4欄に掲げるデータサンプル率により記録できるものであること。

4.1.2　別表1第1欄及び別表2第1欄に掲げるデータ要素は、衝突試験（道路運送車両の保安基準の細目を定める告示（平成14年国土交通省告示第619号）第22条第8項、第9項及び第10項に規定する基準への適合性を確認するための試験。以下同じ。）の際に得られたものが、別表3第2欄に掲げる範囲、第3欄に掲げる精度、第4欄に掲げる分解能により記録されるものであること。

4.1.3　J-EDRは、以下のいずれかに該当する場合にデータ要素を捕捉し、記録するものとする。

(1)　エアバッグ展開を伴う事故の場合は、2件以内を限度として新しい事故データを捕捉し、記録する。その後、記録された事故データは上書きされてはならない。

(2)　起動閾値（150msecの間隔内で車両速度変化8km/h以上）又は自動車製作者によって定められた起動閾値を超え、エアバッグ展開を伴わない事故の場合は、以下を条件として、2件以内を限度として新しい事故データを捕捉し、記録する。

　　(ⅰ)　前のエアバッグ非展開事故データが記録された不揮発性メモリーの空容量が利用可能ならば、新しいエアバッグ非展開事故データを記録する。

　　(ⅱ)　前のエアバッグ非展開事故データが記録された不揮発性メモリーの空容量が利用不可能ならば、自動車製作者は、新しいエアバッグ非展開事故データを上書きするか、記録しないかのどちらかを選択してよい。

　　(ⅲ)　エアバッグ展開事故データが記録された不揮発性メモリーは、新しいエアバッグ非展開事故データによって上書きされてはならない。

4.2　データ改ざん防止

不揮発性メモリーに記録されたデータは、消滅せず、かつ、変更されないこと。

5.　耐衝撃性試験

車載装置又は不揮発性メモリーは、衝突試験後も記録されたデータ要素が保存される状態を維持し、試験実施後、常温常湿状態で少なくとも10日間保管された後、記録されたデータを読み出すことができること。ただし、「エンジンスロットル、全開％」、「主ブレーキ、オン/オフ」及び「エンジン回転数」にあっては、この限りでない。

6.　取扱説明書への記載

取扱説明書等に以下の内容が記載されていること。

(1)　車両にJ-EDRが搭載されていること

(2)　J-EDRの目的

(3)　個人情報を記録しないこと

(4)　データ取り出しに関する事項

(5)　記録可能なデータ要素の例

7.　データの読取り

　　事故分析を速やかに行うために、市場で入手可能な読取装置が供給されること。

別表1.　J-EDRに要求されるデータ要素

	データ要素	記録間隔／時間 （時間ゼロを基準 として）	データサンプル率 （1秒当たりのサ ンプル数）	内容
1	デルタV、縦方向	0から250ms、ま たは、0から終了 イベント時間＋ 30msのいずれか 短いもの	100	前後方向速度の変化
2	最大デルタV、縦 方向	0から300ms、ま たは、0から終了 イベント時間＋ 30msのいずれか 短いもの	なし	前後方向速度の最大変 化
3	最大デルタV時 間、縦方向	0から300ms、ま たは、0から終了 イベント時間＋ 30msのいずれか 短いもの	なし	最大変化が生じるまで の時間
4	車両表示速度	−5.0から0sec	2	速度計の表示速度（走 行速度）
5	エンジンスロット ル、全開％（また はアクセルペダ ル、全開％）	−5.0から0sec	2	加速時にスロットル位 置センサーによりアク セルペダル位置を検出 し、アクセルペダルを 完全に踏み込んだ位置 との比較割合でスロッ トル位置を示すもの （アクセルが踏まれて いたか）。

	データ要素	記録間隔／時間（時間ゼロを基準として）	データサンプル率（1秒当たりのサンプル数）	内容
6	主ブレーキ、オン／オフ	−5.0から0sec	2	ペダルを踏み込んだか否かを検知するブレーキペダルシステム内に設置又はこれに接続された装置が示す状態を言う（ブレーキをかけていたか）。
7	イグニッションサイクル、衝突	−1.0sec	なし	生産から衝突事故発生時までのパワーサイクル数（イグニッションスイッチをオンとした回数またはエンジン始動回数）。
8	イグニッションサイクル、ダウンロード	ダウンロード時	なし	生産からEDRダウンロードまでのパワーサイクル数。
9	安全ベルトの状態、運転者、装着／非装着	−1.0sec	なし	乗員がシートベルトを装着しているか否かを検知する。
10	前部エアバッグ警告ランプ、オン／オフ	−1.0sec	なし	警告ランプが点灯していたか否かを示す（エアバッグは正常に作動する状態だったか）。
11	前部エアバッグ展開−1段階展開エアバッグの場合は展開までの時間、または多段階展開エアバッグの場合は第一段階展開までの時間、運転者	記録時	なし	衝突時時間ゼロから展開までの経過時間。多段階エアバッグシステムの場合は第一段階の展開までの経過時間。

	データ要素	記録間隔／時間（時間ゼロを基準として）	データサンプル率（1秒当たりのサンプル数）	内容
12	前部エアバッグ展開－1段階展開エアバッグの場合は展開までの時間、または多段階展開エアバッグの場合は第一段階展開までの時間、助手席	記録時	なし	同上

別表2.　特定条件下でJ-EDRに要求されるデータ要素

	データ要素	要件適用状況	記録間隔／時間（時間ゼロを基準として）	データサンプル率（1秒当たりのサンプル数）
1	横方向加速度	記録する場合	0から250ms[1]	100[1]
2	縦方向加速度	記録する場合	0から250ms[1]	100[1]
3	垂直加速度	記録する場合	0から250ms[1]	100[1]
4	デルタV、横方向	記録する場合	0から250ms、または、0から終了イベント時間＋30msのいずれか短いもの	100
5	最大デルタV、横方向	記録する場合	0から300ms、または、0から終了イベント時間＋30msのいずれか短いもの	なし
6	最大デルタV時間、横方向	記録する場合	0から300ms、または、0から終了イベント時間＋30msのいずれか短いもの	なし

データ要素		要件適用状況	記録間隔／時間（時間ゼロを基準として）	データサンプル率（1秒当たりのサンプル数）
7	最大デルタＶ時間、合成	記録する場合	0から300ms、または、0から終了イベント時間＋30msのいずれか短いもの	なし
8	エンジン回転数	記録する場合	−5.0から0sec	2
9	車両ロール角	記録する場合	−1.0から5.0sec[1]	10
10	ABS活動、作動／不作動	記録する場合	−5.0から0sec	2
11	安定性制御システム、オン／オフ／作動	記録する場合	−5.0から0sec	2
12	ステアリングホイール角	記録する場合	−5.0から0sec	2
13	安全ベルトの状態、助手席、装着／非装着	記録する場合	−1.0sec	なし
14	エアバッグ抑止スイッチの状態、助手席、オン／オフ	記録する場合	−1.0sec	なし
15	前部エアバッグ展開、第ｎ段階までの時間、運転席[2]	多重段階膨張性前部エアバッグが運転席に装備されている場合	記録時	なし
16	前部エアバッグ展開、第ｎ段階までの時間、助手席[2]	多重段階膨張性前部エアバッグが助手席に装備されている場合	記録時	なし
17	前部エアバッグ展開、第ｎ段階の処理、運転者、はい／いいえ（第ｎ段階の展開が乗員拘束を目的としたものであるか、推進剤処理を目的としたものであるか）	記録する場合	記録時	なし

	データ要素	要件適用状況	記録間隔／時間（時間ゼロを基準として）	データサンプル率（1秒当たりのサンプル数）
18	前部エアバッグ展開、第n段階の処理、助手席、はい／いいえ（第n段階の展開が乗員拘束を目的としたものであるか、推進剤処理を目的としたものであるか）	記録する場合	記録時	なし
19	サイドエアバッグ展開、展開までの時間、運転者	記録する場合	記録時	なし
20	サイドエアバッグ展開、展開までの時間、助手席	記録する場合	記録時	なし
21	サイドカーテン／チューブエアバッグ展開、展開までの時間、運転者	記録する場合	記録時	なし
22	サイドカーテン／チューブエアバッグ展開、展開までの時間、助手席	記録する場合	記録時	なし
23	プレテンショナー展開、初動までの時間、運転者	記録する場合	記録時	なし
24	プレテンショナー展開、初動までの時間、助手席	記録する場合	記録時	なし
25	シートトラック位置スイッチ、最前状態、運転者	記録する場合	$-1.0\mathrm{sec}$	なし

	データ要素	要件適用状況	記録間隔／時間（時間ゼロを基準として）	データサンプル率（1秒当たりのサンプル数）
26	シートトラック位置スイッチ、最前状態、助手席	記録する場合	−1.0sec	なし
27	乗員の体格分類、運転者、女性5%タイルサイズ、はい／いいえ	記録する場合	−1.0sec	なし
28	乗員の体格分類、助手席、子供、はい／いいえ	記録する場合	−1.0sec	なし
29	乗員の位置分類、運転者、正常位置外、はい／いいえ	記録する場合	−1.0sec	なし
30	乗員の位置分類、助手席、正常位置外、はい／いいえ	記録する場合	−1.0sec	なし
31	多重事故−事故の回数、1／2	記録する場合	記録時	なし
32	発生事故1から2までの時間	記録する場合	必要に応じて	なし
33	完全なファイル記録済、はい／いいえ	記録する場合	他のデータに従う	なし
34	プリクラッシュ警報、オン／オフ／作動	記録する場合	−5.0から0sec	10
35	衝突軽減ブレーキ、オン／オフ／作動	記録する場合	−5.0から0sec	10

[1]推奨値を示す。

[2]この要素は多重段階エアバッグシステムの各段階について1回、n-1回記録する。

注1：「記録する場合」とは、ダウンロードする目的でデータが不揮発性メモリーに記録された場合を意味する。

注2：「プリクラッシュ警報」とは、障害物との衝突の危険があると判断した場合に作動する警報である。

注3：「衝突軽減ブレーキ」とは、障害物との衝突の危険があると判断した場合に、自動ブレーキで車両の速度低減を図る装置である。

別表3． 報告データ要素のフォーマット

	データ要素	範囲（最小値）	精度	分解能
2-1	横方向加速度[1]	−5gから+5g	±10%	0.5g
2-2	縦方向加速度[1]	−50gから+50g	±10%	0.5g
2-3	垂直加速度[1]	−5gから+5g	±10%	0.5g
1-1	デルタV、縦方向	− 100km/h から +100km/h	±10%	1km/h
2-4	デルタV、横方向	− 100km/h から +100km/h	±10%	1km/h
1-2	最大デルタV、縦方向	− 100km/h から +100km/h	±10%	1km/h
2-5	最大デルタV、横方向	− 100km/h から +100km/h	±10%	1km/h
1-3	最大デルタV時間、縦方向	0から300ms、または、0から終了イベント時間+30msのいずれか短いもの	±3ms	2.5ms
2-6	最大デルタV時間、横方向	0から300ms、または、0から終了イベント時間+30msのいずれか短いもの	±3ms	2.5ms
2-7	最大デルタV時間、合成	0から300ms、または、0から終了イベント時間+30msのいずれか短いもの	±3ms	2.5ms
2-9	車両ロール角	− 1080度から+1080度	±10%	10度
1-4	車両表示速度	0km/hから200km/h	±1km/h	1km/h

	データ要素	範囲（最小値）	精度	分解能
1-5	エンジンスロットル、全開％（またはアクセルペダル、全開％）	0から100％	±5％	1％
2-8	エンジン回転数	0から10,000rpm	±100rpm	100rpm
1-6	主ブレーキ、オン／オフ	オンおよびオフ	なし	オンおよびオフ
2-10	ABS活動、作動／不作動	オンおよびオフ	なし	オンおよびオフ
2-11	安定性制御システム、オン／オフ／作動	オン、オフ、作動	なし	オン、オフ、作動
2-12	ステアリングホイール角	−250度CWから＋250度CCW	±5％	1％
1-7	イグニッションサイクル、衝突	0から60,000	±1サイクル	1サイクル
1-8	イグニッションサイクル、ダウンロード	0から60,000	±1サイクル	1サイクル
1-9	安全ベルトの状態、運転者、装着／非装着	オンまたはオフ	なし	オンまたはオフ
2-13	安全ベルトの状態、助手席、装着／非装着	オンまたはオフ	なし	オンまたはオフ
1-10	前部エアバッグ警告ランプ、オン／オフ	オンまたはオフ	なし	オンまたはオフ
2-14	エアバッグ抑止スイッチの状態、助手席、オン／オフ	オンまたはオフ	なし	オンまたはオフ
1-11	前部エアバッグ展開、展開／第一段階までの時間、運転者	0から250ms	±2ms	1ms
1-12	前部エアバッグ展開、展開／第一段階までの時間、助手席	0から250ms	±2ms	1ms

	データ要素	範囲（最小値）	精度	分解能
2-15	前部エアバッグ展開、第 n 段階までの時間、運転者	0から250ms	±2ms	1ms
2-16	前部エアバッグ展開、第 n 段階までの時間、助手席	0から250ms	±2ms	1ms
2-17	前部エアバッグ展開、第 n 段階の配置、運転者、はい／いいえ	はい／いいえ	なし	はい／いいえ
2-18	前部エアバッグ展開、第 n 段階の配置、助手席、はい／いいえ	はい／いいえ	なし	はい／いいえ
2-19	サイドエアバッグ展開、展開までの時間、運転者	0から250ms	±2ms	1ms
2-20	サイドエアバッグ展開、展開までの時間、助手席	0から250ms	±2ms	1ms
2-21	サイドカーテン／チューブエアバッグ展開、展開までの時間、運転者	0から250ms	±2ms	1ms
2-22	サイドカーテン／チューブエアバッグ展開、展開までの時間、助手席	0から250ms	±2ms	1ms
2-23	プレテンショナー展開、初動までの時間、運転者	0から250ms	±2ms	1ms
2-24	プレテンショナー展開、初動までの時間、助手席	0から250ms	±2ms	1ms
2-25	シートトラック位置スイッチ、最前状態、運転者	はい／いいえ	なし	はい／いいえ

	データ要素	範囲（最小値）	精度	分解能
2-26	シートトラック位置スイッチ、最前状態、助手席	はい／いいえ	なし	はい／いいえ
2-27	乗員の体格分類、運転者、女性5％タイルサイズ、はい／いいえ	はい／いいえ	なし	はい／いいえ
2-28	乗員の体格分類、助手席、子供、はい／いいえ	はい／いいえ	なし	はい／いいえ
2-29	乗員の位置分類、運転者、正常位置外、はい／いいえ	はい／いいえ	なし	はい／いいえ
2-30	乗員の位置分類、助手席、正常位置外、はい／いいえ	はい／いいえ	なし	はい／いいえ
2-31	多重事故、事故の回数、1／2	1または2	なし	1または2
2-32	発生事故1から2までの時間	0から5.0sec	0.1sec	0.1sec
2-33	完全なファイル記録済、はい／いいえ	はい／いいえ	なし	はい／いいえ
2-34	プリクラッシュ警報、オン／オフ／作動	オン、オフ、作動	なし	オン、オフ、作動
2-35	衝突軽減ブレーキ、オン／オフ／作動	オン、オフ、作動	なし	オン、オフ、作動

[1]必要に応じて、縦方向、横方向および垂直加速度の時間履歴データは、以下に記載するものを含めて、記録またはダウンロードしなければならない。

(1)　タイムステップ（TS）：加速度データのサンプリング頻度の逆数を秒単位で表したもの。

(2)　第一ポイント数（NFP）：TSと掛け合わせると第一加速度データポイントの時間ゼロに対する時間比率と一致する整数。

(3)　最終ポイント数（NLP）：TSと掛け合わせると最終加速度データポイントの時間ゼロに対する時間比率と一致する整数。

(4)　NLP－NFP＋1加速度値　NFP＊TS時の加速で順次開始、TS時間増加に従ってサンプリングを継続し、NLP＊TS時に到達すると終了する。

索 引

事　項　索　引

＜著者略歴＞

友近　直寛（ともちか　なおひろ）

2007年　京都大学法学部卒
2010年　大阪大学大学院高等司法研究科卒
2014年　弁護士登録（愛知県弁護士会・67期）

自動運転・運転支援と交通事故賠償責任

令和3年12月2日　初版発行

著　者　友　近　直　寛
発行者　新日本法規出版株式会社
代表者　星　　謙一郎

発行所　新日本法規出版株式会社
本　　社　（460-8455）　名古屋市中区栄1－23－20
総轄本部　　　　　　　　電話　代表　052(211)1525
東京本社　（162-8407）　東京都新宿区市谷砂土原町2－6
　　　　　　　　　　　　電話　代表　03(3269)2220
支　　社　札幌・仙台・東京・関東・名古屋・大阪・広島
　　　　　高松・福岡
ホームページ　https://www.sn-hoki.co.jp/